D1350859

Dynamique des groupes

Conception graphique de la couverture:
Eric L'Archevêque

Données de catalogage avant publication (Canada)

Aubry, Jean-Marie

    Dynamique des groupes

    Comprend des références biblio-
graphiques
    Publié en coll. avec: Centre interdisci-
plinaire de Montréal

1. Groupes, Dynamique des.
2. Relations humaines - Formation.
3. Groupes sociaux.   4. Leadership.
I. Centre interdisciplinaire de Montréal.
II. Titre.

HM131.A8 1994   302.3'4   C94-940970-7

DISTRIBUTEURS EXCLUSIFS:

- Pour le Canada et les États-Unis:
  LES MESSAGERIES ADP*
  955, rue Amherst, Montréal H2L 3K4
  Tél.: (514) 523-1182
  Télécopieur: (514) 939-0406
  * Filiale de Sogides ltée

- Pour la Belgique et le Luxembourg:
  PRESSES DE BELGIQUE S.A.
  Boulevard de l'Europe 117
  B-1301 Wavre
  Tél.: (10) 41-59-66
        (10) 41-78-50
  Télécopieur: (10) 41-20-24

- Pour la Suisse:
  TRANSAT S.A.
  Route des Jeunes, 4 Ter
  C.P. 125
  1211 Genève 26
  Tél.: (41-22) 342-77-40
  Télécopieur: (41-22) 343-46-46

- Pour la France et les autres pays:
  INTER FORUM
  Immeuble ORSUD, 3-5, avenue Galliéni,
  94251 Gentilly Cédex
  Tél.: (1) 47.40.66.07
  Télécopieur: (1) 47.40.63.66
  Commandes:
  Tél.: (16) 38.32.71.00
  Télécopieur: (16) 38.32.71.28
  Télex: 780372

Dépôt légal: 3e trimestre 1994
Bibliothèque nationale du Québec

ISBN 2-7619-1186-5

Jean-Marie Aubry

Dynamique des groupes

À la mémoire de
Guy Darveau,
cofondateur du CFC,
un des pionniers québécois
du travail en équipe
et de la consultation
en développement organisationnel,
et mon ami.

Introduction

Le texte intitulé *Dynamique des groupes* a été polycopié à plusieurs reprises depuis 1961 dans le but d'offrir un guide du travail en groupe et en équipe aux intéressés qui en faisaient la demande. Les limites de la polycopie amenèrent une première publication, en 1963, aux Éditions du CPJC, à Montréal; peu après, et parallèlement, le texte a été publié aux Éditions Universitaires, à Paris, puis aux Éditions de l'Homme, à Montréal, en 1967, et enfin dans la collection CIM, en 1975.

La présente édition vise le même objectif que les précédentes, même si le contexte a évolué de manière significative et si notre champ d'expérience s'est considérablement élargi à trois des principaux pays de la francophonie: la Belgique, la France et la Suisse.

Les mentalités ayant bien changé depuis la première parution de ce texte, il n'y a plus lieu de répondre aux «croisés» de l'époque, nous reprochant de publier sans l'aval des chercheurs débutants du milieu («Quand apprendra-t-on à tous ces amateurs...?»), ou de promouvoir l'ouverture à la discussion («dangereux glissement vers le protestantisme...»), ou encore d'identifier et de reconnaître un ensemble de techniques («une sorte de bric-à-brac de règles, d'astuces allant de la dynamique des groupes aux cours de cadres des partis révolutionnaires, et de la psychologie des foules à l'action paroissiale»). Chacun s'exprime en son temps et du mieux qu'il peut. Bref, la présente édition ne comprend pas les aspects justificatifs qui semblaient opportuns en 1963 et utiles pour le lecteur de l'époque.

Nous ne prétendons pas présenter dans les pages qui suivent une synthèse des recherches menées à ce jour, bien que nous soyons conscients des progrès majeurs qui ont été réalisés et que nous nous en soyons grandement inspirés, à preuve la troisième partie. Nous proposons aux praticiens du groupe, directeurs, cadres, chefs, responsables et autres, un outil de travail simplifié, pratique, cohérent, et qui bénéficie de nos quarante années d'expérience.

L'édition de 1963, par ailleurs, mentionnait «deux des centres les plus importants où est née la dynamique des groupes, situés aux États-Unis, à Washington, les National Training Laboratories, et à l'Université du Michigan, le Research Center for Group Dynamics». Nous serions bien embarrassés aujourd'hui de citer tous les centres importants de recherche et de les classer par ordre d'importance. Manifestations, entre autres, de la «conspiration du Verseau», ils ont émergé un peu partout et poursuivent sérieusement leur réflexion et leur recherche. Pourtant, même s'il serait difficile de les recenser tous, il nous semble important de mentionner les organismes de recherche avec lesquels nous avons collaboré. Faute de pouvoir les ordonner selon une chronologie exacte, les voici par ordre alphabétique:

Centre de recherches en relations humaines, Montréal
CEPI, Lille
CFIP, Bruxelles
CIM, Montréal — Lausanne
Département de psychologie, Université de Sherbrooke
Faculté d'éducation permanente, Université de Montréal
IDCE, Angers
IDGAI, Université de Liège
IFG, Montréal
Groupe CFC, Montréal

Groupe français d'études sociométriques, Paris
RDO, Montréal
ReD, Montréal

D'autres institutions nous ont aidés à poursuivre nos
activités, offrant qui une collaboration, qui une organisation
et un soutien logistique, qui des locaux, qui les trois
ressources:

Clinique Bois-Cerf, SA, à Lausanne
CEAS, à Lille
EPE de Belgique, à Bruxelles
Écoles de personnel soignant, à Fribourg
INPER, à Lausanne

À nos yeux, ces institutions et centres méritent d'être
signalés; nous désirons également souligner l'honneur et le
plaisir que nous avons eus à travailler avec eux.

* * *

La dynamique des groupes est une science, un arsenal
de techniques et un esprit, écrivions-nous en 1963; nous
pensons encore qu'elle est une science, une technologie et
un esprit.

Non seulement face aux problèmes évoqués alors: plani-
fication économique, lutte contre l'inflation, essor des multi-
nationales, restructuration et renouveau de l'enseignement,
élargissement de l'aide sociale — dont on nous prédit que les
changements seront de plus en plus rapides —, mais également devant les nouvelles données actuelles: perte progressive de souveraineté des États face aux organismes
supranationaux, abolition progressive des frontières nationales, déséquilibre des superpuissances, émergence de nouveaux pouvoirs supranationaux encore mal identifiés, montée

de contre-pouvoirs internationaux, création progressive de nouvelles communautés internationales voire universelles, compatibilisation des diplômes universitaires, des monnaies, des normes import-export, des définitions télévisuelles NTSC-SECAM-PAL et autres, automatisation-robotisation et chômage accru, arrêt (momentané?) de la guerre froide et de la course, financièrement juteuse, aux armements nucléaires et aux emplois, changement de paradigmes et de civilisation, comme certains croient pouvoir diagnostiquer.

Science, technologie et esprit, nous demeurons convaincus plus que jamais que cette dynamique des groupes a un rôle à jouer — et que ce rôle est nécessaire — dans l'émergence de la «conspiration aquarienne» qui nous pousse en avant, en particulier ceux qui adopteront la «stratégie du dauphin» et orienteront leurs efforts lucidement, calmement, résolument, courageusement et avec opiniâtreté vers «ce qui marche», comme disent Lynch et Kordis[1], adhérant de plus en plus clairement à la vision du *Prophète* de Gibran: «le travail, c'est l'amour rendu visible».

---

1. Voir Lynch, D. et P. L. Kordis, *La stratégie du dauphin.*

PREMIÈRE PARTIE

Le groupe

Chapitre premier

Nature du groupe

Tout le monde le sait et le sent, il ne suffit pas d'assembler un certain nombre de personnes dans un lieu quelconque pour constituer automatiquement un groupe. Les voyageurs d'un wagon de train ou d'une rame de métro, les clients dans la salle d'attente d'un médecin, les collègues qui se rendent ensemble à la cafétéria pour le repas du midi — malgré des similitudes incontestables — ne constituent pas un groupe.

À l'inverse, un bureau de direction, un cabinet de ministres, un conseil d'administration, une équipe de recherche ou de soins, un club de hockey, un conseil municipal, un comité de citoyens — malgré des différences certaines — constituent manifestement des groupes. En ce sens, il y a même des «équipes» qui sont des groupes, les joueurs d'une équipe de football, par exemple, et des «équipes» qui n'en sont pas, les slalomeurs d'une équipe de ski, par exemple.

Et encore, les membres d'un groupe sont loin d'être identiques. En se rendant à une réunion prévue dans le cadre institutionnel, chaque personne porte vraisemblablement en elle-même une série d'attentes plus ou moins précises et plus ou moins cohérentes.

Il n'est pas rare du reste que les motivations diffèrent étonnamment d'un participant à l'autre: l'un compte résoudre un problème précis, l'autre se sent simplement flatté par l'invitation; l'un se réjouit de retrouver des collaborateurs appréciés, l'autre se sent soulagé d'échapper momentanément à un boulot qui l'ennuie; l'un est fortement motivé par cette collaboration même s'il est débordé de travail, l'autre se joint au groupe plus ou moins par désœuvrement... Derrière ces disparités entre les participants d'un groupe se profilent de nombreux éléments les réunissant.

Objectif commun

La présence d'un objectif perçu comme commun est la première caractéristique d'un groupe. À des degrés différents, en effet, et sous des modalités diverses, convergentes ou pas, tous les membres de ces groupes sont mobilisés par une visée commune dont ils sont conscients. Ils peuvent cependant être en désaccord sur des questions particulières de méthode, de stratégie, d'échéances, mais tous valorisent la cible commune et cherchent à atteindre les mêmes résultats, habituellement dans des délais déterminés.

C'est au moment où tous les participants partagent cet objectif *réellement* et dans une *mesure satisfaisante* — en intégrant leurs objectifs personnels, ou en acceptant sincèrement de les laisser temporairement de côté — que peut s'effectuer le passage critique de la somme d'individus au groupe véritable.

Interaction psychologique

Un deuxième élément est aussi essentiel à la naissance d'un groupe que l'objectif commun: une mesure satisfaisante d'interaction psychologique — dépendance et influence réciproque — entre les participants, qui marque le début d'une certaine solidarité entre les membres.

Moins les participants se connaissent mutuellement, plus il leur faut du temps pour se situer les uns par rapport aux autres, s'apprivoiser même dans une certaine mesure, avant d'être mobilisés par la cible commune et de s'engager dans le travail proprement dit. Chacun le sait d'expérience, aux premiers moments d'une réunion, l'activité psychologique intérieure des participants dépasse d'emblée ce qui transparaît à l'extérieur: «Pourquoi m'a-t-on invité à cette rencontre?» «Pourquoi a-t-on invité ces gens?» «Qui s'intéresse à ma présence?» «Les autres sont-ils venus délibérément?» «Quel est le statut de celui-ci et la motivation de celui-là?» «Qu'avons-nous en commun pour avoir été conviés ensemble?» «Quel est le mandat de cette réunion?» «Comment chacun de nous perçoit-il l'ordre du jour?» «Quelles sont les fonctions réelles de la personne qui parle actuellement?» «Quel est son pouvoir?» «Qui va prendre les décisions et quels en seront les effets?»

Les réactions intérieures sont généralement intenses, souvent confuses et hésitantes, parfois contradictoires. Il serait irréaliste de les ignorer ou de les considérer comme non pertinentes, même dans le souci — bien intentionné mais peu réaliste — de ne pas perdre de temps. Un démarrage judicieux tiendra compte de cette interaction psychologique, en permettant aux participants de formuler leurs impressions initiales, de faire préciser l'objectif commun et le mandat de la rencontre, de poser des questions sur le thème du débat, le contenu de l'ordre du jour ou les mobiles de la participation.

Le profit de cette démarche sera double: les participants s'apprivoiseront plus facilement et plus rapidement les uns les autres et l'objectif commun paraîtra plus clair et plus valable; et réciproquement, la valorisation plus grande de l'objectif accroîtra la solidarité.

Lorsque l'objectif commun est précisé, valorisé et accepté à la satisfaction générale et que s'est établie une mesure satisfaisante d'interaction psychologique et de solidarité entre les membres, le groupe commence à vivre sa *vie propre*.

Existence collective

Une troisième caractéristique s'ajoute aux deux précédentes: pour que s'effectue le passage décisif de la collection d'individus au groupe, il est nécessaire que tous acceptent de procéder à un rythme commun qui tienne compte de chacun et permette à chacun une adaptation socioémotive satisfaisante par rapport à l'ensemble.

Cet élément de satisfaction collective est essentiel. L'équipe de travail n'étant pas une oasis, il serait utopique d'en exclure toute difficulté et tout conflit, et de postuler une harmonie parfaite, encore que la nature de certains groupes exige une plus grande mise en commun. L'important est d'assurer le minimum requis de compréhension et de cohésion pour une équipe donnée.

C'est que le groupe est un *système* et, en tant que tel, il a un dynamisme qui lui est propre; il a ses problèmes collectifs, ses échecs, ses succès et ses joies. Les relations entre amis, entre collègues, entre responsable et subordonnés, ne sont pas les mêmes hors du groupe et dans le groupe.

À l'intérieur d'un même groupe, les relations évoluent; c'est ce qui se produit, par exemple, dans une classe d'élèves entre septembre et juin, dans une équipe de soignants avant et après le changement de responsable, dans un atelier de travailleurs avant et après une grève, dans une équipe de hockey avant et après la victoire finale, dans une équipe d'enseignants avant et après la fusion avec une équipe parallèle.

De plus, le départ d'un seul membre du groupe ou l'arrivée d'un autre peut en modifier profondément le dynamisme. Untel, qui agissait comme tampon entre deux caractères prompts, peut, par son départ, entraîner tensions et conflits; un autre, dont les idées forçaient le groupe à repenser constamment ses positions, peut, en le quittant, le laisser sombrer dans un conformisme plus ou moins béat; tel directeur, pacificateur à souhait en temps de crise, paraîtra trop réservé, voire distant, en temps de paix...

Le groupe est différent[1] — souvent radicalement — de la somme des individus qui le composent. Une série de directeurs mûrs et responsables, considérés dans leurs postes respectifs, ne constitue pas automatiquement un groupe directionnel mûr et responsable lorsque celui-ci siège à une assemblée régionale ou nationale; une série de médecins objectifs et performants ne constitue pas forcément un groupe de travail objectif et performant lors d'un congrès médical, entre «chers collègues».

Pour que ces collections d'individus deviennent des groupes, elles doivent accepter de poursuivre collectivement un but perçu et valorisé comme commun, établir une mesure satisfaisante d'interaction psychologique et reconnaître que le groupe a une vie à lui, qu'il faut suivre de près et gérer.

Comme le dit Lewin[2], l'essence d'un groupe, ce n'est pas la similitude ou l'absence de similitude entre les membres ou les participants, mais plutôt leur *interdépendance*. Cet aspect est essentiel, selon lui. Le groupe se caractérise comme «un tout dynamique»; autrement dit, un changement dans l'une de ses parties entraîne un changement dans chacune des autres parties.

En rassemblant tous ces éléments, on pourrait définir le groupe comme suit:

---

1. Différent, mais sans avoir «quelque chose de plus», comme l'explique St-Arnaud dans *Les petits groupes,* p. 27.
2. Voir Lewin, K., *Resolving Social Conflict,* p. 81.

Une personne morale, un système, un ensemble humain, doté d'une finalité, d'une existence, d'un dynamisme et de phénomènes qui lui sont propres, distinct de la somme des individus qui le constituent, mais étroitement tributaire des relations qui s'établissent entre les individus et la finalité, et entre les individus entre eux.

Chapitre II

DIVISION DES GROUPES

On peut diviser les groupes d'après cinq critères, entre autres, bien définis.

Selon leur dimension

Les groupes se subdivisent en petits groupes et en grands groupes.

Petit groupe

Aussi appelé groupe restreint ou microgroupe[1], le petit groupe permet à chacun des participants d'être face à face avec les autres et d'entrer en relation directe avec chacun sans devoir passer par un intermédiaire.

Ce groupe comprend entre deux et quinze personnes, l'idéal étant, selon l'expérience, la dizaine. Si le groupe dépasse ces dimensions, les liens entre les membres se multiplient de manière exponentielle (5 personnes = 10 liens;

---

1. Voir Tremblay, R., *Le groupe optimal dans l'ensemble des recherches actuelles sur le petit groupe.*

10 = 45; 15 = 105; 20 = 190; 25 = 300!); alors, les réseaux de communication se ramifient et se complexifient, à tel point que la communication directe devient impossible et que le groupe se décompose en sous-groupes, sombre dans la confusion... ou les monologues.

Grand groupe

Le macrogroupe, ou grand groupe, bénéficie d'un ou de plusieurs agents de communication — président, directeur, animateur, état-major, officiers, délégués, secrétaires, porte-parole des sous-groupes, et autres —, qui s'interposent obligatoirement entre les membres et gèrent les échanges. La plupart des grands groupes sont généralement dotés de statuts ou d'un code de procédures réglementant les interventions.

*   *   *

Selon leurs objectifs

Les groupes se décomposent en groupes de tâche, groupes de formation ou groupes mixtes selon les objectifs qu'ils poursuivent.

Groupe de tâche

Dans ce type de groupe, les participants se préoccupent essentiellement d'accomplir un travail; ils y consacrent tout le temps imparti et se dispersent une fois la tâche remplie. Toute l'activité de ce groupe est orientée vers la poursuite du but commun: décision à prendre, politique à adopter, budget à voter, synthèse à élaborer, plans de soins à définir. Tels sont les conseils d'administration, les comités de direction, les groupes de travail, les réunions de régie ou de coordination, les commissions parlementaires, par exemple.

Groupe de formation

Cette catégorie comprend les groupes de laboratoire, les groupes de thérapie, les *training groups* ou *t-groups*. Les participants se préoccupent principalement du fonctionnement du groupe; généralement inconnus les uns des autres, ils font partie du groupe pour analyser le processus même des échanges et les relations interpersonnelles qui s'établissent entre eux. Ils partagent des propos, des idées, des réactions et des sentiments, sauf que le but de la rencontre n'est pas de parvenir à des conclusions ou à des résolutions, mais de mieux comprendre le «vécu ici et maintenant», comme le rappellent régulièrement les moniteurs de ces groupes.

Depuis sa création, le groupe de formation a donné lieu à de multiples transformations; il a servi à des utilisations diverses et revêtu des appellations variées. Essentiellement, toutes ces expériences visent à approfondir la prise de conscience du «vécu ici et maintenant» et veulent promouvoir la croissance personnelle des participants.

Groupe mixte

Ce type de groupe joint au souci de productivité du groupe de tâche un aspect de la réalité psychologique du groupe de formation. Sa préoccupation principale demeure la solution des problèmes de tâche qui lui incombent. Mais pour atteindre pleinement son objectif sur les plans des idées et des réalisations, il cherche délibérément à assurer une entente réelle entre les membres aux plans social et émotif et à garantir l'efficacité du fonctionnement collectif, quitte à se donner le temps et les moyens de dissiper les tensions et de résoudre les conflits qui peuvent se présenter.

*   *   *

Selon leur mode de mise sur pied

Les groupes se divisent en groupes spontanés et en groupes institutionnels ou structurés.

Groupe spontané

Aussi appelé groupe *naturel,* le groupe spontané est celui dont la naissance est imprévue, aléatoire ou gratuite, et voulue par les membres eux-mêmes.

Par exemple, dans un quartier urbain, des parents constatent que l'organisation des loisirs des jeunes est inexistante. Ils se croisent au supermarché et décident de se rencontrer à une date ultérieure pour discuter plus en détail du sujet. Ils mettent sur pied une association de parents pour étudier la question, amassent des fonds et s'associent des ressources humaines. Ensuite, ils se chargent de faire appliquer les mesures opportunes. Dans ce cas, tous sont plus ou moins sur un pied d'égalité; l'interaction est spontanée et naturelle; rien ne la force à se maintenir, si ce n'est le souci de trouver une solution au problème qui préoccupe chacun des membres.

Autre exemple: le titulaire d'une classe ou le responsable d'un groupe d'étudiants constate qu'élèves ou étudiants sont désunis. Un événement imprévu provoque une prise de conscience, faible, hésitante, mais collective. On décide alors de chercher à améliorer la situation et d'essayer de former délibérément un vrai groupe. Travaux en équipe, responsabilités partagées, activités collectives, même hors du cadre scolaire, réflexions individuelles, discussions concertées sur des problèmes communs: chacun prend progressivement conscience de sa responsabilité personnelle au sein du groupe et du caractère collectif de l'expérience issue de l'événement imprévu. C'est la naissance, fortuite mais réelle, du groupe.

Bien que le cadre institutionnel implique une relation hiérarchique dans un domaine clair et défini, les relations titulaire-élèves et responsable-étudiants conservent toujours une marge, relative mais réelle, de liberté et de spontanéité. D'une part, titulaire et responsable détiennent un mandat dont ils ne peuvent se départir; d'autre part, élèves et étudiants ont une possibilité d'adhésion au projet, de participation, de collaboration et de solidarité qui n'appartient strictement qu'à eux et qui ne peut leur être arrachée. Différente du premier cas, cette situation présente quand même la possibilité de constitution d'un groupe véritable, dans le respect du cadre institutionnel, susceptible de fournir des résultats significatifs, voire — chacun peut en être conscient — de très haute qualité.

Dernier exemple: l'institution (entreprise, PME, hôpital, école, département, service, syndicat, association, ministère, parlement) poursuit sa vie publique comme à l'habitude, mais certains professionnels prennent conscience respectivement de malaises collectifs. Lors d'une réunion spéciale, ils se rendent compte que leurs prises de conscience se rejoignent et décident de se réunir régulièrement afin de chercher à dissiper les malaises constatés.

Ces professionnels forment donc un groupe spontané puisque aucune personne, structure ou instance ne les y force. Toutefois, cette spontanéité diffère des deux précédentes: celle de l'association de parents est tout à fait libre, et celle des titulaire-élèves ou responsable-étudiants est libre mais à l'intérieur d'un certain cadre. Dans le cas présent, rien n'est prévu pour la constitution du groupe *ad hoc,* pourtant si essentiel aux participants puisque, à leurs yeux, il y va d'un aspect vital du fonctionnement de l'institution. La question qui se pose alors est évidente: de quel pouvoir ce groupe de professionnels dispose-t-il? La réponse dépend des situations, bien entendu. Toutefois, lorsque de tels groupes spontanés se forment et militent, ils remettent en question les diverses formes du pouvoir et du leadership.

Groupe institutionnel ou structuré

La création du groupe institutionnel ou structuré est déterminée ou sanctionnée par les statuts ou la hiérarchie de l'institution, que l'inspiration appartienne à la hiérarchie ou pas, et que le groupe mis sur pied soit permanent, périodique ou occasionnel: conseil d'orientation, comité de direction, régie, comité de coordination, comité de crise, groupe de travail sur la politique d'information interne ou externe, groupe de travail sur la politique de prise en charge des clients, commission de sécurité au travail, groupe de travail sur la nouvelle répartition des locaux, colloque mensuel de secteur, rencontre de transmission des données, et ainsi de suite.

Tous ces groupes sont mis sur pied par la hiérarchie ou sanctionnés par cette dernière; ils sont officiels, même si certains d'entre eux peuvent éventuellement demeurer confidentiels, tel le comité de crise. Ils ont tous reçu un mandat — plus ou moins précis selon les cas — et une échéance de remise de travaux, de conclusions ou de rapports. Le degré de confidentialité de leurs débats, de leurs conclusions et de leurs recommandations est également défini par la hiérarchie. Et c'est à celle-ci que ces groupes sont redevables du résultat de leur travail, publiquement ou en privé, selon les spécifications qu'elle a établies.

Dans ce genre de groupe, un membre occupe régulièrement et d'office un rôle prééminent: président, coordonnateur, ou responsable du groupe devant la hiérarchie. L'interaction psychologique est vraisemblablement différente[2] de celle des groupes spontanés: elle démarre plus ou moins lente-

---

2. Encore qu'elle puisse être perçue de manière presque diamétralement opposée aux intentions de la hiérarchie. À preuve, la panique de certains chefs de groupe français, à la suite d'une loi relative à «l'expression des salariés», à l'idée de devoir animer des cercles de qualité fort clairement structurés quant à leur mandat et ne concernant que l'amélioration des conditions de travail: «Comment tout savoir? Comment répondre à toutes les questions?»

ment, et est plus faible, plus complexe, moins librement constructive. Les échanges responsable-participants risquent de prévaloir sur les échanges participants-participants; ils bénéficient par contre d'une culture, d'un vocabulaire, de références et, aspect capital, d'objectifs communs, ou plus ou moins communs.

Ce sont des groupes moins libres quant à l'expression des participants, mais mieux programmés quant à l'atteinte des objectifs.

* * *

Selon leur composition

À ce chapitre, les groupes se subdivisent (et éventuellement se recoupent) de multiples manières:

- groupe masculin, féminin ou mixte; groupe à majorité masculine ou féminine; groupe comportant des personnes d'une seule génération ou de plusieurs;
- groupe institutionnel comportant uniquement des employés, des cadres de premier niveau, des cadres supérieurs, ou comportant des cadres décisionnels et des cadres-conseil, ou comportant plusieurs niveaux hiérarchiques;
- groupe ayant en commun la nationalité et ne comptant que des Français, ou comptant des Canadiens français et des Canadiens anglais, ou comptant des Wallons et des Flamands, ou comptant des Romands, des Tessinois, des Romanches et des Suisses alémaniques;
- groupe ayant en commun l'appartenance régionale et comptant, par exemple, des Bruxellois et des Liégeois; des Parisiens et des Provinciaux; des Montréalais et des Québécois; un Vaudois, un Genevois, un Jurassien, un Fribourgeois, un Neuchâtelois et un Valaisan;

- groupe ayant en commun la langue comptant, par exemple, deux Romands, deux Wallons, deux Français et deux Québécois, et localisé soit à Neuchâtel, soit à Namur, soit à Angers, soit à Chicoutimi.

* * *

Selon leur capacité de décider

Les groupes se subdivisent en groupes inhabiles, groupes de pression, groupes consultatifs et groupes délibératifs.

Groupe inhabile
On qualifie d'inhabile le groupe qui ne possède aucun pouvoir de décision en ce qui concerne ses propres activités; c'est le cas, par exemple, du groupe de professionnels cité plus haut. À moins d'être reconnu par la hiérarchie et de devenir consultatif dans le cadre institutionnel, il ne fera vraisemblablement pas long feu.

Groupe de pression
Ce type de groupe a un pouvoir de décision sur ses propres activités, mais pas sur les instances décisionnelles ou sur les problèmes qui ont justifié sa mise sur pied. L'association de parents citée plus haut pourrait devenir un groupe de pression. Même si ces groupes n'ont pas un pouvoir direct sur les décisions, ils peuvent exercer une influence — souvent considérable — sur les décideurs; c'est le cas des lobbies, par exemple. Ils refusent généralement d'être récupérés dans un cadre institutionnel.

Groupe consultatif

On qualifie de consultatif le groupe dont la hiérarchie sollicite avis et conseils, régulièrement ou occasionnellement, assumant seule par la suite la responsabilité des décisions.

Groupe délibératif

Ce groupe a la pleine capacité de décider, qu'il soit constitué par les statuts (conseil d'administration, par exemple), par la hiérarchie (comité de direction, par exemple) ou par une convention collective de travail (comité conjoint ou paritaire, par exemple).

*   *   *

L'expérience le prouve, ces distinctions ont leur importance et doivent être prises en compte, si l'on veut comprendre correctement les groupes auxquels on participe et gérer leur évolution de manière adéquate et utile.

Chapitre III

MEMBERSHIP

Entre la notion de groupe et celle de membership, il y a la distinction entre l'abstrait et le concret.

Le membership[1], c'est la «membréité» pourrait-on dire, le fait même d'être membre d'un groupe, la façon concrète dont chacun perçoit, d'une part, ses affinités et ses attaches au groupe et d'autre part, ses responsabilités et ses obligations dans ce groupe. Même dans l'expression québécoise «payer son membership», le règlement de la cotisation recouvre exactement la description évoquée plus haut: ce qu'implique le fait d'être membre d'un groupe, ce que cela coûte et rapporte.

Voyons plus en détail les aspects que recouvre le membership.

---

1. Le fait que le terme «membership» n'a jamais été traduit en français de manière adéquate et satisfaisante en dit long sur notre difficulté en tant que francophones à intégrer les concepts qu'il sous-tend.

Appartenance

Le premier élément du membership est donc, évidemment, une certaine prise de conscience d'*appartenir* à un groupe, d'en faire partie. C'est le sentiment — quel que soit le rang social du membre concerné — d'être non seulement identifié dans ce groupe, mais d'être reconnu et accepté comme membre dans une mesure satisfaisante pour soi et pour le groupe. Cet élément pourra être nommé solidarité ou appartenance; parce que cet aspect est concret et variable, il importe de veiller à son maintien.

Participation

Le deuxième élément tient à l'*activité* de chacun des membres en ce qui concerne les différentes tâches qui incombent au groupe et les échéances auxquelles celui-ci est astreint. C'est, pour chacun des membres, le fait d'avoir à s'acquitter d'un certain nombre de fonctions — y compris celle de la discussion — et la manière dont il s'acquitte de ces fonctions. Parce que cet élément est lui aussi concret et variable, il faut veiller à sa qualité.

Responsabilité

Le troisième élément concerne l'*orientation* générale du groupe. C'est la part respective que chacun des membres prend dans l'élaboration des objectifs du groupe, dans sa direction et sa conduite, bref, dans les grandes lignes de son fonctionnement. Se posent ici les distinctions déjà établies entre les divers degrés de responsabilité assignés à chaque groupe. Le fait de détenir un abonnement demi-tarif sur les chemins de fer nationaux, par

exemple, n'engage évidemment pas la même responsabilité que celle de siéger au sein d'un conseil d'administration. Toutefois, que le groupe soit délibératif et ait des
décisions à prendre, ou qu'il soit naturel ou institutionnel,
il est essentiel que sa responsabilité soit nettement définie,
et que les limites de cette responsabilité soient clairement exposées et acceptées de chacun. Cet élément de
responsabilité ne doit pas non plus être laissé au hasard,
cela va de soi.

En conséquence, et dans tous les cas, on peut définir le
membership comme suit:

Une manière d'être, de penser et d'agir caractérisée
par:
- la conscience clairement ressentie d'appartenir
  à un groupe, et la reconnaissance de cette appartenance;
- la conscience de participer à la vie du groupe
  dans une mesure satisfaisante pour soi et pour le
  groupe;
- la conscience de prendre une part réelle et satisfaisante, tant pour soi que pour le groupe à l'orientation et au fonctionnement du groupe.

Satisfaction

La juste satisfaction est essentielle à cette définition
du membership. Faute de percevoir sa nécessité et de se
donner les moyens de surveiller son membership, aucun
groupe ne survivra longtemps à sa naissance; s'il demeure
officiellement en fonction, son efficacité risque d'être plus
apparente que réelle: il pourra servir d'auditoire béat à
un président ou à un directeur, lui donnant l'illusion, au

besoin, de l'approuver, mais sans jamais s'engager véritablement derrière lui. C'est que le membership conditionne la
vie du groupe; il se développe progressivement, par étapes,
l'avenir du groupe étant lié à la manière dont celui-ci intègre
les affinités et la diversité entre ses membres, et à la
manière dont il résout les tensions, les problèmes et les
conflits qui surgissent normalement en son sein.

Le groupe, tout comme la personne, a besoin d'être
motivé de façon authentique. L'organisation, le chef, le
directeur ou le président qui ne comprend pas cette loi ou
qui refuse d'en tenir véritablement compte, se condamne à
plus ou moins long terme à travailler seul. Le chef a le
groupe qu'il mérite; le groupe a le chef qu'il mérite.

Chapitre IV

LEADERSHIP

Parler de la participation collective à la direction générale du groupe, c'est aborder la question vitale du leadership, même si les termes «leader» et «leadership[1]» n'ont pas encore été traduits en français de manière adéquate et satisfaisante. Tout compte fait, leur emploi est passé dans l'usage et les dictionnaires français, longtemps muets sur la question, donnent maintenant à ces mots une définition plus compatible avec le sens qu'ils revêtent dans la bouche des connaisseurs.

Le but de ce livre n'est pas de faire la synthèse des recherches[2] sur le leadership et le pouvoir depuis la créa-

---

1. Selon le dictionnaire Webster, la racine de ces mots remonterait au moyen celtique *luiade*, qui veut dire tête; les termes «lead», «leader» et «leadership» figurent non seulement dans l'anglais, mais aussi dans les langues allemande, néerlandaise, irlandaise, et sans doute dans d'autres langues apparentées.
2. Les publications récentes que nous connaissons comportent des bibliographies bien fournies: Mintzberg, H., *Le pouvoir dans les organisations;* Hogue, J.-P., Lévesque, D. et E. M. Morin, *Groupe, pouvoir et communication;* Mongeau, P. et J. Tremblay, *Règles et stratégies pour exercer un leadership efficace;* Toffler, A., *Les nouveaux pouvoirs;* St-Arnaud, Y., *Les petits groupes. Participation et communication;* Vienneau, J.-G., *Le leadership au service des individus et des organisations.*

tion de la dynamique des groupes, mais de prendre appui sur elles et sur notre expérience de praticiens pour tenter de formuler le plus simplement possible ces notions complexes.

Un phénomène collectif

La première caractéristique du leadership est son caractère *collectif*. Il ne s'agit pas d'une qualité propre à un individu, mais plutôt d'une manière de se comporter en groupe, des liens entretenus avec les autres membres. Par exemple, ce n'est pas forcément le meilleur compteur d'une équipe de hockey qui a le plus de leadership; ce peut être un défenseur, même avec un faible nombre de buts à son actif, mais qui galvanise l'équipe, maintient le moral des coéquipiers, redonne courage dans la défaite et entraîne à la victoire. La plupart des chefs ont du leadership, mais pas tous; certains, malheureusement, en ont si peu qu'ils ne seraient pas reconnus comme chefs s'ils n'en avaient pas le titre officiel.

Le degré de leadership peut varier d'une situation à l'autre. Par exemple, un directeur de service peut avoir du leadership dans la situation A, qui demande lucidité, objectivité et calme, mais se montrer dépassé dans la situation B, qui requiert présence, cordialité, soutien et chaleur. Pourtant, il n'a pas changé; ce sont les exigences des deux situations ainsi que la nature — collective — des liens qui en découlent qui ne sont pas les mêmes. Le leadership n'est pas un fait de royauté, ni de noblesse: il ne peut se léguer de père en fils!

Le leadership n'est pas non plus en soi attaché à une fonction, ni consécutif à une fonction. Bien que le titre d'un poste puisse contenir les mots «directeur», «chef» ou «responsable», il ne fait pas automatiquement un leader de celui qui le porte. Le leadership requiert en effet des qualités de vision, de détermination, de loyauté et des ressources de conviction, de motivation, d'entraînement et de gratification; en chaque cas toutefois, il répond à des besoins ponctuels, précis, circonstanciés et variables; et selon le contexte culturel, il se pare d'une touche particulière de sérieux, ou d'humour, ou de discrétion, ou d'esprit, ou de respect, ou d'enthousiasme, ou de chaleur, ou de contagion émotive. De toutes façons, il se mérite. Et il se mérite de manière légèrement différente à Montréal, à Paris, à Bruxelles et à Lausanne.

Par exemple, pourquoi, au travail, la Directrice A. obtient-elle régulièrement les services supplémentaires ou spéciaux qu'elle sollicite en cas d'urgence? Parce qu'elle est directrice? Non: il serait légitime de refuser. Parce qu'elle est l'infirmière la plus qualifiée de son institution lausannoise? Non plus: elle n'a jamais cumulé toutes les spécialités. Pourquoi alors? Parce que, fidèle à ses principes et honnête, elle incarne tous les jours une certaine image de la profession et parce que, quelles que soient les difficultés individuelles, elle est fiable; on a toujours pu compter sur elle et on peut encore compter sur elle.

Pourquoi le Capitaine R. est-il régulièrement «dispensé» par ses paras d'une part importante des corvées? Parce qu'il a fait de la résistance dans le maquis français sous l'Occupation et que son père est mort dans ses bras à Dachau? Peut-être. Mais surtout, comme le disait un ancien à une recrue, «parce que R. se dépense pour nous, parce qu'il ne nous abandonne jamais sur le champ des combats, et parce que c'est nous qui avons le moins de blessés et de prisonniers».

Pourquoi H. a-t-elle autant de leadership sur la place de Bruxelles? Parce que son association est la plus nombreuse, la plus riche, la mieux cotée? Non pas. C'est plutôt parce qu'elle anime, motive, soutient, stimule avec clairvoyance et loyauté son association depuis plus de vingt ans.

Le leadership est collectif parce que, dans la plupart des situations, il ne revient pas à un seul membre du groupe, mais est *partagé[3] entre plusieurs*. Immergés dans l'Amérique du Nord anglo-saxonne, les Québécois saisissent bien cette notion; il n'en est pas toujours ainsi en Europe francophone.

Un phénomène qui implique réciprocité

Parce que le leadership est un phénomène collectif, il implique forcément la *réciprocité*. De fait, les leaders ne sont pas indépendants du groupe auquel ils appartiennent; ils le guident, le conduisent, l'accompagnent, l'influencent, mais sont également influencés par lui. Les leaders ont du leadership parce qu'ils souhaitent en avoir *et* parce qu'on veut leur en accorder. Le directeur de service évoqué plus haut désirait avoir du leadership dans la situation B comme dans la situation A, mais cela lui a été refusé. Le défenseur montréalais de hockey, également évoqué plus haut, n'aura pas forcément la même part de leadership la saison prochaine. L'intégration de l'interaction dans les données concrètes du groupe est un élément aussi fondamental que l'aspect collectif.

---

3. L'expérience de la première phase du séminaire *Entraînement intensif à l'animation,* que nous avons conduite avec plus de deux mille participants depuis trente ans, permet d'observer sur le vif comment le leadership se partage, hésite à se partager, se partage par moments, ou ne se partage pas dans cette situation de laboratoire initialement non structurée.

Un phénomène qui implique mobilité

Moins l'attribut d'une personne qu'un aspect de l'organisation globale, le leadership existe dans la mesure où les membres du groupe, différenciés entre eux, exercent une influence différente dans le groupe. Le leadership est un *réseau* d'influence réel: il ne se répartit pas d'une manière mathématiquement égale chez tous; il se polarise davantage autour de certains membres. Toutefois, ce réseau est *vivant:* il varie sainement selon le moment et les circonstances (difficultés, tensions, conflits, échecs et succès). Et bien prétentieux — et illusionné — celui qui rêverait d'avoir toujours le plus de leadership à tous les moments de la vie de son groupe et à toutes les phases de son évolution!

Le leadership pourrait donc se définir comme suit:

> La capacité d'entraîner et d'influencer les autres
> — et l'acceptation mutuelle de cette capacité —
> dans la poursuite et l'atteinte d'objectifs partagés
> au sein du groupe.

* * *

Sources de leadership

Le leadership tient à plusieurs sources[4], qu'on ramène généralement à cinq formes d'influence.

---

4. Voir Cartwright, D. et H. Zander, *Groups Dynamics,* p. 607.

Influence naturelle

L'influence *à base d'identification,* souvent appelée «naturelle», est exercée par une (ou plusieurs) personne perçue comme modèle, comme héros à qui on aimerait ressembler, comme tête de file, comme guide qu'on a envie de suivre, tel le défenseur de hockey, la Directrice, le Capitaine et la Responsable évoqués plus haut.

Influence légitime

On qualifie de légitime l'influence qu'exerce un membre du groupe lorsqu'on lui reconnaît le droit d'avoir de l'influence et qu'on se reconnaît l'obligation d'accepter cette influence. C'est le pouvoir accepté et reconnu, celui du directeur de service dans la situation A, de la Directrice A., du Capitaine R. et de la Responsable H.

Influence d'expert

C'est le type d'influence qu'exerce, sur le plan intellectuel ou sur le plan pratique, celui (ou ceux) à qui on reconnaît des connaissances, une expérience ou une compétence particulière, par exemple le médecin face à son patient ou l'architecte face à son client.

Influence de récompense

L'influence de récompense est celle d'un (ou plusieurs) membre perçu comme possédant un avantage qui peut être partagé par ceux qui le désirent ou comme offrant une possibilité de gratification souhaitée par d'autres. Ce membre n'est pas forcément celui à qui on aimerait ressembler ou celui qu'on suivrait. Mais c'est souvent celui qui félicite, qui met de l'ambiance et donne aux autres le sentiment qu'ils sont bien considérés dans le groupe.

Influence de punition

Aussi appelée influence de coercition, l'influence de punition joue dans le sens inverse de la précédente; c'est l'influence qu'exerce celui (ou ceux) qu'on perçoit comme démobilisateur, menaçant, culpabilisant, capable parfois de bloquer un projet ou de démotiver un groupe.

Ces deux dernières formes d'influence jouent régulièrement un rôle dans la vie des groupes, même si elles ne reçoivent pas l'attention qu'on devrait leur accorder à notre avis.

Chapitre V

Pouvoir

Bien que nous sachions tous ce que signifie l'expression «avoir du pouvoir», nous confondons souvent les termes «leadership» et «pouvoir», et les entourons d'une aura péjorative et sombre; de fait, quasiment personne ne semble accepter de reconnaître ouvertement exercer un certain pouvoir. En fait, les deux concepts recouvrent des réalités voisines, parfois superposables, mais essentiellement différentes.

À la différence du leadership, le pouvoir implique la notion de *contrainte* exercée par un individu ou par un groupe et imposée aux autres, soutenue par une structure sociale, formelle ou pas. Le directeur d'un hôpital ou d'une école, le patron d'une usine, le conseil d'administration d'une société, le policier qui règle la circulation automobile à un carrefour: tous ont un certain pouvoir.

Néanmoins, malgré la «mauvaise odeur», selon l'expression de Toffler[1], qui émane souvent du pouvoir en raison des usages abusifs ou mauvais qui en ont été faits, le pouvoir n'est en soi ni bon ni mauvais. Et quoi qu'en ait écrit Machiavel, il n'est pas évident que le pouvoir «corrompe».

---

1. Voir Toffler, A., *Les nouveaux pouvoirs,* p. 19.

Le pouvoir est un aspect inéluctable de toute relation humaine. Il est présent dans pratiquement toutes les situations de la vie courante. Nous n'avons donc pas intérêt à escamoter cette réalité ou à nous en défendre par un ensemble de déclarations ou de manœuvres qui, en définitive, ne trompent personne.

On pourrait définir le pouvoir comme suit:

La capacité
— chez un individu ou dans un groupe —
de faire ou de faire faire ce qu'on veut, d'obtenir des résultats ou de les modifier,
et ce, bon gré mal gré de la part de ceux qui sont soumis à cette capacité.

La véritable question, soutient et explique Henry Mintzberg, est de savoir par qui, comment et dans quelle mesure est exercée cette «capacité de produire ou de modifier les résultats ou effets organisationnels[2]». Cette question pratique est essentielle, délicate et difficile, mais ne fait pas l'objet de ce livre.

---

2. Voir Mintzberg, H., *Le pouvoir dans les organisations,* p. 35-39.

DEUXIÈME PARTIE

Fonctionnement du groupe

Chapitre VI

PRISE DE DÉCISION

La prise de décision est l'aboutissement obligé du fonctionnement du groupe. Sans prise de décision à la clé, le fonctionnement du groupe est sans objet, vain et inutile[1]. La capacité de décider est le critère de maturité des groupes.

Pour mieux comprendre cette capacité de décision, certaines clarifications peuvent être utiles: ce sont les niveaux de fonctionnement, les étapes à franchir pour atteindre les objectifs et les modalités de prise de décision.

* * *

---

1. Il s'agit ici des groupes habituels de travail et de discussion, à ne pas confondre avec les groupes de discussion télévisés, par exemple, dont le point de chute n'est pas souhaité à l'écran, mais dans la tête du téléspectateur; à ne pas confondre non plus avec les groupes qui, pour quelque raison que ce soit, fonctionnent en circuit fermé et donc pour eux-mêmes, pour leur autosatisfaction, sans véritable préoccupation de la clientèle: on en connaît de tristes exemples, hélas!

Niveaux de fonctionnement

Lorsqu'un groupe se met en marche vers ses objectifs, on distingue trois niveaux d'activité: le contenu, la procédure et le climat.

Contenu

La poursuite d'un but commun étant le premier facteur déterminant l'existence du groupe, il va de soi que la nature de ce but précisera un aspect de l'activité du groupe: le niveau du contenu des échanges ou du débat. Qu'ils soient intellectuels ou pratiques, les objectifs poursuivis, l'intérêt et la discussion qu'ils suscitent, l'activité et les efforts déployés pour les atteindre se situent précisément au niveau du contenu.

Procédure

La manière de poursuivre le but commun constitue un deuxième niveau, celui de la procédure[2]. La procédure, c'est l'organisation interne des ressources, humaines et autres, du groupe en vue d'accomplir la tâche assignée; elle comporte les normes que le groupe se fixe, les méthodes et les règlements qu'il s'impose, les rôles qu'il répartit entre les membres, les techniques qu'il adopte pour la conduite de son activité, la discussion et la solution de ses différents problèmes. La procédure n'est pas voulue en soi: elle est essentiellement fonction du contenu.

Climat

L'interaction psychologique entre les membres est faite non seulement d'échanges et de discussions sur les plans rationnel et objectif, mais aussi d'actions et de réactions

---

2. Ce terme signifie ici: manière de procéder dans un groupe. Cet emploi est plus large que l'acception usuelle: manière de procéder en justice.

affectives et émotives qui influencent le climat du groupe. Ainsi, chaque membre se trouve au centre d'un réseau d'influences plus ou moins sensibles, plus ou moins secrètes, mais dont la résultante constitue un comportement observable: hésitation, doute, retrait, évasion, agressivité, passivité, enthousiasme, dynamisme ou solidarité. Par exemple, Pierre peut s'opposer systématiquement aux idées de Jacques en justifiant rationnellement son opposition; or il se peut que cette opposition repose sur des motifs fort différents, entre autres sur le fait que Pierre estime que Jacques occupe une place démesurée dans le groupe, qu'il jouit d'un crédit immérité ou qu'il convoite le poste que lui-même occupe. Dans ce cas, la tension entre les deux est d'ordre socioémotif, et il serait vain de tenter de la dissiper au niveau des idées.

Pour parvenir à des décisions productives, le groupe réaliste doit tenir compte de ces trois niveaux de fonctionnement. Il doit évidemment chercher à préciser ses objectifs le plus nettement possible, prendre le temps de définir clairement les méthodes qu'il entend suivre afin d'atteindre ses objectifs plus efficacement et demeurer attentif aux diverses réactions socioémotives dont l'impact peut s'avérer décisif dans la poursuite des objectifs communs.

*   *   *

Étapes

L'expérience montre que les groupes productifs franchissent des étapes avant d'atteindre leurs objectifs et qu'ils sont vigilants à ne sauter aucune de ces étapes ni à les laisser se télescoper.

Définition des termes

Pour exercer sa force d'attraction et mobiliser les éner-
gies, l'objectif doit être nettement défini, perçu par les
membres en termes non équivoques, et valorisé par tous.
Les données de la problématique doivent également être
précisées et acceptées.

Proposition des éléments de solution

La problématique et l'objectif étant nettement posés, les
membres proposent des éléments de solution. Cette étape
est un inventaire: il s'agit de profiter de l'apport de chacun et
d'élargir l'éventail des hypothèses de solution dans une mesure
raisonnable et satisfaisante, puis de bien comprendre ces
hypothèses. Bien que ce soit parfois difficile, les groupes productifs s'abstiennent de discuter des hypothèses à cette étape,
précisément pour protéger la libre expression de chacun, évi-
ter les pressions et empêcher la distorsion des hypothèses.

Critique des propositions

Les suggestions et les propositions versées au réservoir
commun étant désormais la propriété du groupe, celui-ci
peut maintenant en disposer comme il l'entend. Si les
membres ont vraiment conscience de former un groupe, ils
accueilleront chaque idée, l'examineront, la discuteront, la
garderont ou la rejetteront, sans que l'initiateur de cette idée
ne se sente discuté, gardé ou rejeté. Il est donc important
que l'inventaire de l'étape précédente ait été protégé contre
tout jugement de valeur.

Prise de décision

La critique des hypothèses envisagées prépare l'étape de la
prise de décision. C'est le moment critique. Propositions,
amendements, contre-propositions et sous-amendements
étant correctement compris, le groupe doit opter pour la solution qui lui semble la meilleure, la plus praticable, la plus utile.

LES ÉTAPES D'UNE PRISE DE DÉCISION[3]

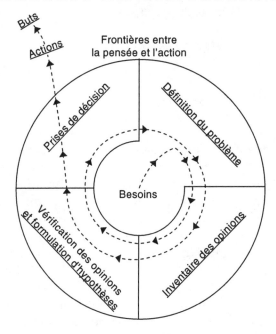

Ou encore le groupe peut décider de suspendre momentanément les débats, de reprendre la suite des étapes et de remettre la décision à une date ultérieure, qu'il aura la prévoyance
et la sagesse de fixer s'il est vraiment productif.

* * *

Modalités de prise de décision

Conformément aux statuts qui sont imposés au groupe,
aux normes que celui-ci s'est données ou à sa pratique
habituelle, il y a lieu de distinguer plusieurs modalités de

3. Source: Dick Wallen, National Training Laboratoires.

prise de décision, qu'il y a évidemment grand intérêt à vérifier et à ne pas tenir pour acquises.

Décision unanime

Tous les membres du groupe partagent nettement la même opinion concernant une proposition et votent explicitement dans le même sens.

Consensus

Tous les membres ne partagent pas la même opinion sur une proposition, mais ils finissent par voter dans le même sens: les uns sont convaincus du bien-fondé de la proposition tandis que les autres — sans démission, sans dépit, et tout en conservant leur avis préférentiel — se rallient loyalement et ouvertement à la proposition, compte tenu de l'objectif collectif, des circonstances particulières de la décision et de la confiance qu'ils accordent aux premiers et au groupe, ou à l'équipe dans son ensemble. Le consensus n'est absolument pas un vote majoritaire imposé.

Voici un exemple. Une équipe de travail doit se déplacer, pour le repas, à une heure de marche, mais elle dispose d'un minibus; dans une direction, le restaurant ne sert que des fruits de mer, dans la direction opposée, le restaurant ne sert que de la viande rouge; le vote est partagé: 4-3. Trois hypothèses se présentent: a) les sept participants discutent pendant les quatre-vingt-dix minutes prévues pour le repas, et tout le monde jeûne; b) les quatre majoritaires imposent leur volonté et les autres se soumettent ou jeûnent; c) un des sous-groupes, supposons qu'il s'agisse des partisans de la viande rouge — bien que l'inverse soit tout aussi possible — déclare: «Ce que nous aimons le moins, ce sont les fruits de mer; nous leur préférons nettement la viande rouge; mais au-dessus de tout, nous préférons manger tous ensemble et nous faisons le consensus.»

Décision majoritaire

Tous les membres ne partagent pas la même opinion sur une proposition et ils votent dans des sens divergents; les plus nombreux l'emportent. En principe, bon gré mal gré mais loyalement, l'ensemble du groupe accepte après coup la décision majoritaire; c'est du moins le sens de la tradition démocratique dans nos pays. En outre, on a coutume de distinguer la majorité *simple* (la moitié plus un des membres, ou des membres présents) et la majorité *qualifiée* (les deux tiers ou les trois quarts des membres) selon les statuts, les normes et les questions en cause.

Décision minoritaire

Pour des raisons statutaires ou pour d'autres raisons, tous les membres ne sont pas présents lors de la discussion d'une proposition et une minorité d'entre eux prend la décision sur cette proposition: le conseil d'administration pour une assemblée, l'exécutif ou le bureau pour un conseil d'administration, le comité de direction pour un exécutif, le quorum pour un groupe officiel qui compte des absents, la régie pour l'ensemble du personnel, et ainsi de suite. Généralement, la compétence décisionnelle de ces diverses minorités est définie dans les statuts, les normes ou la pratique du groupe ou de l'organisation.

Décision unitaire

Cette décision est prise par un seul membre du groupe, avec ou sans consultation préalable: privilège royal, présidentiel, pontifical, directorial ou patronal; mandat international, national, régional ou local; mission déléguée ou fonction assignée; situation de crise ou d'urgence; légitimité, autoritarisme, inconscience... ou erreur.

*   *   *

Chacun de ces types de décision peut manifestement être légitime; en certains cas, il peut même être obligatoire. Reste que les plus efficaces et les plus féconds sont les deux premiers: chacun des membres y est personnellement mobilisé et engagé; c'est vraiment le groupe qui décide; conséquemment, c'est le groupe tout entier qui est garant de l'efficacité de l'exécution.

Chapitre VII

ORGANISATION

Le souci d'efficacité suppose évidemment que le groupe se préoccupe en premier lieu de son organisation, dans la mesure où la chose n'est pas prévue par les statuts, et qu'il distribue les rôles que nécessite la poursuite de ses objectifs. Les groupes étant fort divers et différemment sollicités par les objectifs, il va de soi que l'organisation varie d'un groupe à l'autre, parfois de manière fort significative. À toutes fins utiles, il semble néanmoins opportun de passer en revue les aspects de cette organisation.

Mission

La mission, c'est la *raison d'être d'une organisation* ou d'une institution. Comme le dit Mintzberg[1], elle «décrit les fonctions essentielles de l'organisation dans la société en termes de produits et de services qu'elle propose à ses clients». Cette mission est généralement définie dans les statuts de l'organisation. Quand les statuts sont complètement ou par-

---

1. Voir Mintzberg, H., *Le pouvoir dans les organisations*, p. 41.

tiellement muets sur ce point ou quand il n'y a pas de statuts officiels, les groupes réalistes ne manquent pas de préciser cet aspect capital de l'organisation.

* * *

Objectifs

Pour réaliser leur mission, les groupes se donnent des objectifs, des résultats à atteindre selon l'échéancier prévu. Cet aspect est aussi essentiel que la mission. Dans son excellent volume sur la gestion par objectifs, Gérald Lefebvre[2] propose cette définition: «Un objectif est un *énoncé de résultats désirés dans un délai déterminé;* c'est un point d'arrivée par rapport à une situation donnée.»

Toutefois «il ne faut pas confondre but et objectif. Un *but* exprime une intention, une finalité: satisfaire les actionnaires, humaniser l'école, augmenter l'efficacité, gagner sa vie, devenir un meilleur gestionnaire; un *objectif* précise les résultats à atteindre dans un temps donné: atteindre un profit net de un dollar par action au cours du prochain exercice financier».

Lefebvre précise même les qualités que devrait réaliser un objectif pour être valable:

a) «décrire une *situation à atteindre»,* des résultats visés;

b) «être formulé *directement et simplement:* il s'agit de communiquer avec ceux qui ont besoin de savoir» (supérieur immédiat, collègues et pairs, subordonnés, partenaires concernés);

c) «être *évaluable,* donc spécifique et mesurable; il faut inclure les précisions relatives à la quantité, à la qualité et à la date de réalisation; on doit pouvoir décrire et observer un objectif»;

---

2. Voir Lefebvre, G., *Savoir organiser, savoir décider,* p. 96-98.

d) «spécifier uniquement le *quoi* et le *quand*»; l'étape du pourquoi doit être franchie plus tôt, au moment de l'analyse de la situation; le comment vient après: c'est le plan d'action;

e) favoriser l'*harmonisation* «entre objectifs individuels et objectifs collectifs»; «les différents objectifs doivent aussi être *compatibles* avec la mission de l'organisation, la raison d'être de l'unité ou la définition de rôle, selon les cas»;

f) «être *réalisable,* donc réaliste».

Après avoir formulé un objectif, Lefebvre recommande de se demander à quels signes on reconnaîtra que les résultats sont atteints. Il arrive que les *critères d'évaluation* soient tous contenus dans l'énoncé de l'objectif (profit net de un dollar par action au cours du prochain exercice financier); si ce n'est pas le cas, il faut les préciser; lorsqu'un objectif est tellement général qu'il est à peu près impossible de définir des critères d'évaluation, c'est qu'il est trop vague ou trop complexe, et qu'il faut le reprendre ou le décomposer[3].

Lefebvre insiste également sur l'importance de ne pas confondre *objectif* et *activités*.

«Être en activité, c'est agir. Vendre, former du personnel, tenir des réunions, suivre un séminaire: voilà des activités, ou des moyens, destinés à atteindre des résultats. Les objectifs, ce sont les résultats visés. Les gestionnaires tombent facilement dans le piège de décrire des activités (au lieu de décrire des objectifs) parce qu'ils sont généralement des gens d'action et aussi parce que la "gestion par activités" est une méthode très répandue dans les organisations. C'est ainsi, par exemple, qu'on exige que des vendeurs visitent un certain nombre de clients par jour, mais sans leur assigner d'objectif de vente. Les descriptions de tâches comprennent non seulement un énoncé de la responsabilité

---

3. Dans le cas d'objectifs non opérationnels — objectifs pédagogiques, par exemple — il faut aussi préciser les critères d'évaluation.

et de l'autorité des titulaires, mais aussi une liste plus ou moins longue des opérations que ceux-ci doivent accomplir.

«Il est évident que les résultats proviennent d'activités et que le choix des objectifs doit nécessairement être suivi d'un plan des activités requises pour produire ces résultats; il ne faut pourtant pas les confondre. D'autant plus que les objectifs d'un gestionnaire ont souvent l'apparence d'activités pour une personne d'un niveau hiérarchique supérieur ou d'une autre unité. Quel que soit l'objectif en effet, il est presque toujours possible de poser la question "pourquoi" et de prétendre qu'il ne s'agit pas d'un objectif mais d'un moyen. L'important, c'est que l'objectif soit réel et valable dans la perspective de la personne concernée.»

*   *   *

Politiques et directives

Pour peu que l'activité du groupe soit complexe ou délicate, il lui faut se donner des *politiques,* c'est-à-dire des *énoncés de principes permettant d'atteindre les objectifs et des organiser et diriger l'action.* La majorité des groupes et des organisations que nous connaissons se sont donné des politiques qui orientent et dirigent leur action: politique du personnel (embauche, encadrement, évaluation, formation permanente, promotion, congédiement), politique de prise en charge des soins à domicile, conception des soins, politique pédagogique, politique de vente, budget, et ainsi de suite. Pour diverses raisons pourtant, culturelles ou autres, certains groupes se contentent de *règlements* émanant du comité de direction ou de *directives* énoncées par le directeur, affaiblissant ainsi, souvent de façon notable, la motivation et la mobilisation des collaborateurs en réduisant leur participation au leadership.

*   *   *

Structures

Une des politiques est constituée par l'ensemble des *structures*, aspect important de l'organisation du fonctionnement; à elles seules, elles ne sauraient garantir l'efficacité du groupe, bien sûr, mais un minimum de structures s'avère indispensable.

Organigramme hiérarchique

Bien qu'il revête des apparences parfois un peu différentes[4], l'organigramme est essentiellement un graphique représentant la structure d'une entreprise, d'une organisation ou d'un service; il permet de se rendre compte des liaisons pouvant exister entre les différentes unités décisionnelles et opérationnelles. Le plus connu, l'organigramme hiérarchique, représente le déploiement vertical de la ligne d'*autorité* — de pouvoir — et de délégation, que ce déploiement concerne un groupe (conseil d'administration, comité de direction, comité de coordination, par exemple) ou qu'il concerne une personne (président, directeur, responsable de secteur ou d'unité, par exemple), comme dans le graphique qui suit:

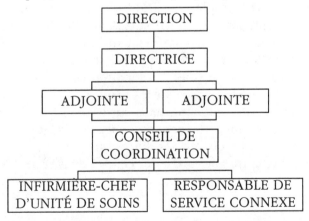

---

4. Voir les intéressants graphiques de Mintzberg, dans *Structure et dynamique des organisations,* p. 35-69.

Plan d'organisation du travail

Le plan d'organisation du travail, ou *plan du personnel*[5], ressemble à l'organigramme hiérarchique: il est construit comme un graphique vertical lui aussi. Il diffère pourtant sur un point important: l'organigramme hiérarchique ne représente que le déploiement de la ligne d'autorité et le positionnement des officiers de conseil et de soutien tandis que le plan d'organisation du travail représente la structure globale de l'entreprise et inclut, selon la culture, les besoins et les exigences du moment, tous les postes hiérarchiques (souvent avec les noms) et tous les postes de conseil, de logistique, d'exécution et de soutien (souvent aussi avec les noms). Dans une PME, le directeur peut ainsi voir d'un seul coup d'œil tout son personnel.

D'aucuns prennent ces deux schémas indifféremment l'un pour l'autre, ce qui ne paraît pas souhaitable pour la clarté et la transparence de la gestion.

Organigramme fonctionnel

Ce graphique représente les différents flux de collaboration, non sur un plan vertical hiérarchique, mais sur un plan concentrique, en fonction du *client* de l'organisation ou du groupe. Ainsi, il est vrai de dire que le premier éducateur du pays, sur le plan hiérarchique, est le Ministre de l'Éducation ou le Chef du département de l'instruction publique, et que tous les autres professionnels en dépendent, jusqu'à l'enseignant; mais sur le plan fonctionnel, il n'en est pas ainsi: le premier éducateur de Corinne est son enseignante, et tous les autres, jusqu'au ministre, ont pour tâche, entre autres, d'aider celle-ci dans son enseignement.

---

5. Les Suisses alémaniques l'appellent précisément *Personal Plan*.

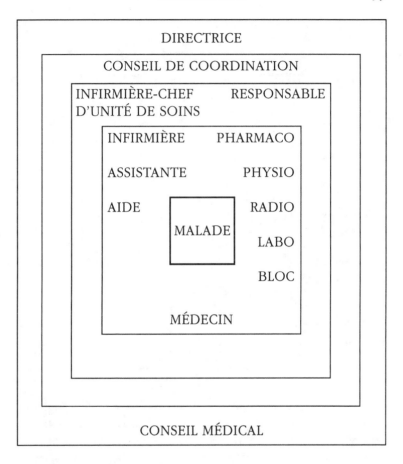

Organigramme social

Ce graphique représente un troisième aspect de la structure du travail: les rapports de force *paritaires* au sein de l'entreprise, de l'institution ou de l'organisation. À certains moments de l'année, ce sont précisément ces rapports qui président aux relations employeur-employés, conseil d'administration-syndicat, conseil d'administration-association professionnelle, comité paritaire, comité d'entreprise (en certains cas) et autres.

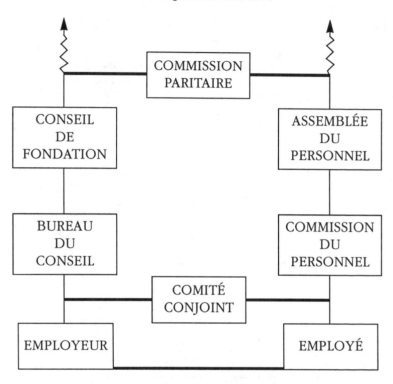

Ces organigrammes représentent des facettes différentes de la réalité concrète de l'organisation du travail. Selon notre expérience, il y a grand intérêt à les distinguer, et ce, pour plusieurs raisons: a) ils représentent la réalité tous les trois, mais dans des proportions différentes d'occupation du temps annuel de travail (de 15 à 20 p. 100 pour l'organigramme hiérarchique, de 70 à 80 p. 100 pour l'organigramme fonctionnel et de 5 à 10 p. 100 pour l'organigramme social); b) ils reconnaissent la nature des relations pertinentes à chacun d'entre eux (commandement-exécution, collaboration, négociation); c) ils établissent un judicieux et clair équilibre limitant les inévitables tentatives d'envahissement d'un organigramme sur l'autre; d) ils permettent une complémentarité claire, vivante, transparente et,

selon notre expérience, plus féconde si elle est exploitée lucidement et loyalement.

* * *

Description de fonction et cahier des charges

La *description de fonction,* ou description de poste, c'est la
transcription écrite de l'organigramme hiérarchique et, pour
chaque poste individuel ou collectif, la manifestation de la part
d'autorité déléguée à ce poste et des responsabilités qui lui
incombent. Conseil d'administration, directeur, adjoint, comité
de coordination, chef d'équipe (même s'il y en a plusieurs),
professionnel (même s'il y en a plusieurs), secrétaire (même s'il
y en a plusieurs) et autres seront tous décrits en détail. Grâce
à sa cohérence et à sa stabilité, l'ensemble des descriptions de
fonction constitue évidemment lui aussi une politique.

Il n'y a donc pas intérêt à confondre description de
fonction et *cahier des charges,* qui est plutôt une liste
détaillée des activités particulières à chaque collaborateur,
directeur inclus; le cahier des charges peut comporter des
ajouts ou des restrictions à la description de poste ainsi que
d'autres dispositions spéciales; il est généralement annuel et
souvent signé conjointement par le supérieur hiérarchique
et la personne concernée.

* * *

Secrétariat de groupe

La fonction de *secrétaire de groupe* mérite une attention
spéciale. Même si le rapport qu'il effectue n'est pas l'élément le plus important de la vie du groupe, on aurait tort

pourtant de le sous-estimer: il établit généralement la *conti-nuité* entre les réunions; en cours de débat, il appuie la mémoire du groupe, chaque membre se sentant plus à l'aise de participer à la discussion, assuré qu'idées et déci-sions sont prises en note. Sur invitation de l'animateur ou du président, le rapporteur peut même, à un moment donné, aider le groupe à faire le point de la discussion. Le secrétaire peut dresser plusieurs types de rapports.

Rapport analytique

La tâche du rapporteur qui note les interventions au fur et à mesure de leur formulation pourrait s'énoncer dans les termes suivants:

- choisir les éléments à noter;
- se concentrer sur le contenu de la discussion; se tenir prêt, sur demande, à résumer la discussion depuis le début;
- dans une réunion qui cherche à résoudre un problème, noter la situation du problème, les divers points d'accord et de désaccord entre les participants, les conclusions obtenues; rapporter les idées divergentes aussi bien que les idées convergentes;
- consulter le groupe en cas d'incertitude sur une opi-nion émise au cours de la discussion; ne pas chercher à deviner;
- lorsqu'un groupe décide de passer à l'action, noter la définition des diverses tâches, le nom des responsables et l'échéance fixée pour chacune des tâches;
- occasionnellement, demander au groupe d'apprécier la facture et la rédaction des rapports.

Rapport synthétique

À un rapport très détaillé, certains groupes préfèrent un rapport-synthèse. Ce rapport réorganise fidèlement les élé-ments recueillis au cours du débat selon les grands thèmes de pensée qui ont fait l'objet des échanges. Ce genre de rapport est particulièrement utile pour une série de discussions concernant le même sujet: il offre l'avantage de permettre la reprise du débat pratiquement au point où la discussion précédente l'a laissé. Incontestablement plus long à rédiger, il est nettement plus fonctionnel et généralement plus court; il a plus de chance d'être lu et utilisé. Assez souvent, il se construit sur le modèle suivant:

PREMIÈRE IDÉE

arguments favorables à l'idée:
        1. plus réalisable
        2. …

arguments opposés à l'idée:
        1. compromet l'avenir
        2. …

accord: unanime (ou)
      partagé: 8-3 (ou)
      aucun accord

arguments laissés en suspens:
        1. opportunité du projet
        2. …

DEUXIÈME IDÉE
…

Enregistrement

L'expérience l'atteste, la rédaction du rapport-synthèse d'un débat de quatre-vingt-dix minutes requiert environ trois heures. Conscients de ce fait, d'autres groupes préfèrent enregistrer la discussion sur ruban magnétique ou magnétoscopique. Cette pratique présente quelques avantages: elle donne lieu, elle aussi, à un rapport synthétique qui requiert pratiquement le même temps; de plus, soit elle permet au groupe de profiter des idées ou suggestions du secrétaire, soit elle libère celui-ci pendant la durée de la réunion et lui permet de se consacrer à d'autres tâches; en outre, elle permet au groupe, au besoin, de «reculer» l'enregistrement et de supprimer une séquence qu'il ne souhaite pas voir figurer au rapport.

Cahier des décisions

D'autres groupes préfèrent simplement rédiger un cahier des décisions, manuscrit mais lisible. Plusieurs raisons peuvent motiver ce choix: le groupe est très restreint; il n'estime ni nécessaire ni utile d'officialiser ses décisions, même si celles-ci sont opérationnelles, il ne dispose pas de secrétariat; il considère comme inutile de mobiliser le temps du secrétaire, ou, au contraire, il veut compter sur la participation de ce dernier à la discussion. Le cahier peut être rempli par une personne différente à chaque rencontre ou par la même, et laissé à la disposition des participants de ce groupe, à un endroit précis et confidentiel.

Bien plus que des souvenirs, les rapports sont de précieux outils de travail. Ils doivent être bien faits et proprement présentés, mais ne sont pas des œuvres d'art: vaut mieux un rapport qui tient en une page qu'un texte sur papier officiel avec larges marges en haut, en bas, et sur les côtés, comme une lettre à un ministre, écrit à interligne double et qui fait trois pages! Il est important que les rapports se prêtent au *suivi* des décisions: assignations et vérifications. Certains groupes numérotent les décisions en continuité d'une réunion à l'autre, ce qui abolit les rapports intermédiaires confidentiels, accroît la transparence du groupe et facilite la mise à jour régulière (trimestrielle, semestrielle, annuelle) d'un index analytique des principaux objets de décision.

Chapitre VIII

Animation

Les groupes le sentent d'instinct ou le découvrent à l'expérience: leur productivité et leur efficacité sont très souvent fonction de leur animation, quels que soient les types d'animateurs et quelles que soient les méthodes d'animation.

Essentiellement différente du leadership, l'animation est un *rôle* implicitement ou explicitement assigné par le groupe ou par la hiérarchie. Le leadership est un réseau d'influences voulues et consenties; l'animation est une forme de pouvoir délégué.

Cette fonction est considérée comme un service rendu au groupe dans le but de faciliter les échanges et de favoriser une meilleure efficacité. Selon les cas, elle représente la contribution particulière, spontanée ou liée à un poste, d'un des membres du groupe, ou elle fait suite à un mandat de la hiérarchie confié à un spécialiste généralement interne à l'institution.

Elle peut se définir comme suit:

L'animation est la fonction déléguée
selon laquelle une personne
applique ses aptitudes spirituelles (attention,
sensibilité, intelligence, capacité d'analyse et de
synthèse)
à aider un groupe à atteindre ses objectifs.

* * *

Types d'animateurs

On distingue généralement quatre types d'animateurs.

Le patron

On qualifie de ce nom l'animateur qui prend pour ainsi dire *possession* de la discussion. Il déclare clairement ses objectifs, conduit les échanges, distribue les tâches au besoin, prend les décisions et exige, avec ou sans le sourire, qu'on s'y soumette. Il se considère également comme le gardien de l'autorité et de la discipline; il accorde systématiquement la parole; il blâme ou remercie à l'occasion; il domine le groupe par son statut[1], son autorité[2], son prestige ou les trois facteurs à la fois.

L'efficace-à-tout-prix

Voilà l'animateur à qui il faut impérativement des *résultats*. Dans ce but, il étudie les dossiers à fond, prévoit les difficultés et les obstacles, prépare des réponses à tout. Au moment de la

1. Sur ces notions, voir Hogue, J. P., Lévesque, D. et E. M. Morin, *Groupe, pouvoir et communication,* p. 139-140, et Delhez, R., «Fonctions, pôles, dimensions dans les groupes restreints: une mise au point.», *Cahiers internationaux de psychologie sociale*, Bruxelles nº 6, 1990.
2. Au Québec, l'autorité est plutôt rattachée à la hiérarchie tandis qu'en Europe francophone, elle est, la plupart du temps, synonyme de prestige.

réunion, il conduit la discussion du mieux qu'il peut, répond aux objections et propose des solutions de telle manière que le groupe n'ait pratiquement plus qu'à approuver; il félicite à l'occasion. C'est par la qualité de son travail préparatoire et par son efficacité que cet animateur domine le groupe.

L'agent de circulation

Habituellement étranger au groupe et désigné par mandat, cet animateur assure l'ordre et *facilite* les échanges. Il dénoue l'écheveau des conversations, s'applique à supprimer les obstacles au bon déroulement de la discussion et presse le groupe de parvenir à des conclusions et à des décisions. Il jouit d'une autorité certaine sur le groupe, mais il ne le domine pas.

Le Roger-bon-temps

Le Roger-bon-temps est pratiquement aux antipodes des trois premiers types: convaincu qu'il finira bien par sortir quelque chose de bon des échanges, il *laisse librement* courir la discussion sans la diriger. Il n'est pas rare que cette attitude libérale fasse suite à des expériences de participation frustrée sous des animateurs de type patron ou efficace-à-tout-prix; elle cache parfois une certaine méfiance de soi et une soumission plus ou moins consciente au groupe.

* * *

Méthodes d'animation

Ces portraits d'animateurs sont sans doute schématisés, mais ils correspondent aux attitudes fondamentales caractéristiques des types d'animateurs que nous avons connus.

De plus, ils révèlent les deux paramètres qui permettent de distinguer les méthodes d'animation. Le premier

ATTITUDE DE L'ANIMATEUR / NIVEAUX DE PARTICIPATION	DIRECTIVE	NON DIRECTIVE
CONTENU	● ○	■ ▲
PROCÉDURE	● ■	○ ▲
CLIMAT SOCIOÉMOTIF	●	■ ○ ▲

paramètre est celui de la *directivité/non-directivité,* la directivité consistant, dans ce contexte, pour l'animateur, à exercer le leadership dont il jouit ou le pouvoir qu'il détient, tandis que la non-directivité consiste à retenir et à réserver ces influences. Le second paramètre est celui des *niveaux de participation:* contenu, procédure et climat.

Une première méthode, souvent dite autocratique, signalée par un ● dans le schéma, consiste pour l'animateur à être directif aux trois niveaux. Tels sont, avec des nuances, le patron et l'efficace-à-tout-prix. On retrouve dans cette catégorie, par exemple, l'enseignant d'une classe primaire qui a recours à des méthodes «actives» et fait participer les écoliers, et le professeur d'université qui anime un séminaire avec un groupe d'étudiants (la méthode, plus réservée, s'appelle alors souvent *maïeutique*). En plus du statut, et de la compétence dans le domaine concerné, les qualités qu'on exige d'un tel animateur sont celles d'un bon exposant: autorité, clarté de pensée, compréhension, jugement, perspicacité, capacité d'analyse et de synthèse.

Les avantages d'une telle méthode sont de fait ceux de l'enseignement magistral: l'animateur peut préparer d'avance la discussion et préciser la conclusion qui lui paraît s'imposer; la discussion couvre souvent plus de matière et procède avec plus de rapidité; l'animateur éprouve une sécurité plus grande devant l'auditoire, précisément grâce à cette préparation minu-

tieuse qu'il s'est donnée et à l'extrême facilité qu'il a d'intervenir dans la discussion à tout moment pour redresser un jugement, rectifier une erreur et trancher les problèmes en litige.

Une deuxième méthode, signalée par un ▲ sur le
schéma, s'applique très bien aux groupes de *formation,*
aux groupes dits de croissance et d'évolution, aux théra-
pies de groupe et à certaines séances de supervision
collective. Dans ces cas, l'animation est non directive
aux trois niveaux, non pas qu'elle soit passive, loin de là:
elle cherche à rendre conscient le groupe — ou certains
participants — de «ce qui se passe ici et maintenant»,
mais sans tenter d'influencer le groupe ni sur le plan du
contenu, ni sur celui de la procédure, ni sur celui du climat. Ces animateurs sont souvent appelés *moniteurs.*
Cette méthode ne convient ni aux groupes à tâche ni aux
groupes mixtes, bien qu'elle soit parfois utilisée par des
personnes qui ne sont pas encore au clair avec les exigences de leur fonction, les Roger-bon-temps, par exemple.

Une troisième méthode, signalée par un O sur le schéma,
a eu une certaine vogue à la suite de différentes révolu-
tions culturelles des années soixante dans nos sociétés, plusieurs directeurs, chefs ou patrons s'étant laissé persuader qu'il
était utile de «laisser parler les gens»: ils étaient résolus, parfois
à contrecœur, à ne pas être directifs aux plans de la procédure et du climat, quitte à se réserver les décisions en ce qui
a trait au contenu. Même s'il doit y avoir eu quelques tentatives de manipulation, la plupart de ces directeurs, chefs ou
patrons, étaient certainement de bonne foi, malgré leur mala-
dresse. Objectivement toutefois, cette méthode n'est pas
honnête: elle laisse croire pendant un temps à une certaine
autonomie du groupe, puis reprend le gouvernail en fin de
course. Elle est signalée ici, parce qu'elle doit désormais
être dénoncée comme fausse, inefficace et trompeuse.

Parmi d'autres méthodes possibles, une quatrième figure
dans le schéma sous le signe ■. Pour la productivité et

l'efficacité du groupe, c'est celle que nous préconisons ouvertement, après de multiples expériences[3]. Elle consiste, pour l'animateur, à prendre nettement charge de la procédure et à renoncer à influencer le groupe aux plans du contenu et du climat. Les recherches et les expérimentations l'ont établi: cet animateur intervient à peu près une fois sur cinq. Cette méthode est souvent appelée *démocratique*.

Méthode démocratique

Pour non directive qu'elle soit sur le plan du contenu des échanges, cette méthode d'animation n'a pourtant pas avantage à demeurer passive sur ce plan. Au contraire. Elle gagne à intégrer des fonctions actives qui, sans influencer l'orientation du contenu des échanges, n'en contribuent pas moins — et puissamment — au développement et au progrès du contenu de la discussion: ces fonctions sont celles de la clarification, de la reformulation, de la précision, du regroupement d'idées et de la synthèse. Car, en répétant, en faisant préciser le sens d'une intervention, en clarifiant le contenu de pensée présenté au groupe, l'animateur permet une prise de possession *par le groupe* des idées émises devant lui: le progrès de la pensée collective s'en trouve facilité d'autant.

Périodiquement, l'animateur doit répéter brièvement l'élément essentiel de chacune des dernières interventions; cette pratique a pour effet immédiat de conserver les principaux éléments d'une solution qui s'élabore et de ramener à la surface certaines opinions, qu'à tort ou à raison, on avait laissées de côté.

---

3. Cette opinion tient également aux résultats de recherches menées par des chercheurs, entre autres, Bales, R. F., *Interaction Process Analysis,* qui nous a accordé la bienveillante autorisation de traduire et de reproduire deux de ses tableaux (annexe 1) et White et Lippit, que les éditeurs Harper and Row nous ont autorisés à traduire et à reproduire, rapportés dans Cartwright, D. et A. Zander, 1960, *Group Dynamics,* p. 527-553 (annexe 2).

L'animateur doit également — et c'est incontestablement le point le plus difficile de sa tâche — chercher à synthétiser la pensée du groupe au fur et à mesure que la chose est possible. Cette fonction demande qu'il saisisse exactement le sens de chacune des interventions et qu'il concentre tous les efforts de sa pensée sur les points d'accord et de divergence, souvent latents sous les mots, afin de les manifester au groupe et de faire progresser la pensée collective.

Dans les limites de son mandat, il doit évidemment s'efforcer d'aider le groupe à parvenir à des décisions.

Ainsi conçue, la tâche d'animateur est d'une rare fécondité. Sans doute ne peut-elle suppléer à un éventuel manque de créativité du groupe, cas réels mais rares selon notre expérience. Par contre, elle fait fructifier les éléments apportés à la discussion, permettant à chacun et au groupe de voir objectiver sa pensée au fur et à mesure qu'elle s'élabore, et de parvenir à des conclusions et à des décisions collectives.

*   *   *

Précisée dans le détail, cette tâche de l'animateur démocratique peut donc s'énoncer dans les termes suivants:

- aider le groupe à définir, choisir et ordonner les problèmes qu'il est le plus urgent de discuter;
- faciliter les échanges d'opinions et donner aux différents points de vue une chance égale d'être examinés et pesés par le groupe;
- maintenir l'ordre dans la discussion, accorder avec justice le droit de parole et ramener les éventuelles digressions sur le sujet adopté au départ;
- répéter, faire préciser, clarifier le sens des différentes interventions, en faire un résumé et une synthèse au fur et à mesure des progrès de la discussion, aider le groupe à parvenir à des conclusions et à des décisions;

- dégager le contenu intellectuel de la discussion de tout enrobement excessif d'émotivité et de passion, ou aider le groupe à sortir de l'impasse de cet enrobement, ou à prendre les décisions qui s'imposent.

L'exercice efficace de ces fonctions n'est pas inné et requiert un certain *entraînement* mais, sauf exception, il est à la portée de chacun. L'animateur doit avoir appris à faire délibérément abstraction de ses connaissances, de son bagage culturel, de ses propres opinions, pour se mettre au service de la pensée du groupe. Il va sans dire que cette fois, les échanges se font surtout entre participants, ce qui est plus fécond et plus satisfaisant, compte tenu de la nature particulière de cet échange qu'est la discussion.

De plus, l'animateur démocratique doit assurer une présence constante au groupe, en étant attentif à tout ce qui se dit, sans tolérer les apartés. Sa personnalité, son propre sentiment de sécurité, son respect pour autrui, sa capacité de compréhension des vues et des sentiments d'autrui sont autant de qualités propres à assurer l'efficacité et le succès de la discussion, et ainsi, du groupe. C'est d'ailleurs en utilisant au maximum toutes ses ressources que l'animateur parviendra à créer une atmosphère d'accueil et de liberté, éminemment apte à préserver chacun de toute entrave, à l'amener à prendre position en toute sécurité sur les aspects importants du problème débattu devant lui et le groupe à prendre les décisions qui s'imposent. Ce climat de solidarité est évidemment un facteur de toute première importance.

Les avantages de cette méthode sont décisifs: la discussion s'engage à partir des problèmes soulevés par les participants ou, à tout le moins, à partir de leur perception de ces problèmes; la discussion suit un processus naturel à l'intelligence, car elle respecte sa manière propre de connaître et ses diverses réactions. Parce qu'elle est essentiellement constructive, la discussion favorise l'efficacité du groupe et la maturation qui lui est propre.

Selon notre expérience, il n'existe pratiquement pas de groupe avec lequel cette méthode ne puisse donner des résultats intéressants et significatifs. Même dans les groupes où les participants sont plus passifs ou ceux où l'autorité s'exerce de manière plus affirmée, cette méthode — qui n'a rien du laisser-faire, mais est au contraire très rigoureuse et exigeante — peut produire des résultats fort surprenants.

Il va sans dire que la méthode implique aussi que l'animateur ait défini ou fait définir les frontières de la discussion afin de distinguer les thèmes qui sont relatifs au débat de ceux qui ne le sont pas.

Comme toute activité humaine, la discussion a des exigences, des satisfactions et des plaisirs. Il n'y a aucune raison, en soi, qu'elle soit une corvée. Elle comporte aussi une gratification, un salaire humain inestimable: parvenir à des conclusions et à des décisions collectives.

* * *

Un ou plusieurs animateurs

Pour diverses raisons (difficulté particulière du thème à débattre, nombre considérable de participants, complexité de la composition du groupe), il est parfois avantageux d'utiliser deux animateurs à la fois lors d'une même discussion. Ils se partagent alors les fonctions ou, s'ils ont l'habitude de travailler ensemble, se complètent l'un l'autre afin d'atteindre une plus grande efficacité. En consultation collective sur des situations critiques, cette manière de faire est souvent étonnamment performante.

En d'autres circonstances, certains groupes ne possèdent parmi leurs membres qu'une ou deux personnes vraiment capables d'exercer la fonction d'animateur. Ou alors, les participants de la discussion changent à chaque rencontre, à tel point que l'animateur est pratiquement la seule personne à participer à chacune des réunions. Ces cas ne posent évidemment aucune difficulté pour le choix de l'animateur: il sera toujours le même.

Dans les groupes institutionnels ou structurés, la fonction d'animation revient d'office au supérieur hiérarchique à qui elle demande un supplément de clarté, de rigueur et de loyauté. Cette situation est saine et normale à notre avis, les structures étant ce qu'elles sont, et le groupe ayant besoin et avantage à s'habituer à l'animation de son supérieur. Dans certaines situations de crise cependant, la pratique de changer d'animateur à chaque rencontre, pour une période définie, peut s'avérer utile, chacun devenant ainsi plus conscient des multiples facettes de la situation, sa participation devenant plus lucide, et l'efficacité du groupe s'en trouvant améliorée. Il n'y a pourtant pas intérêt à institutionnaliser cette pratique de manière permanente à notre avis.

Lorsqu'un groupe informel est devenu stable et que les mêmes personnes s'y retrouvent à chaque discussion, à niveaux social et intellectuel égaux, celles-ci peuvent à la rigueur, pour toutes leurs rencontres, se choisir un animateur unique, selon ses capacités spéciales à remplir cette fonction. En certains cas, cette façon de procéder peut être de beaucoup préférable. Il n'en reste pas moins que le groupe idéal dans ce genre de situation serait celui où chacun assumerait cette fonction à tour de rôle. Chacun deviendrait ainsi beaucoup plus sensible aux divers éléments intellectuels et émotifs des échanges, et la productivité collective s'en trouverait accrue.

*   *   *

De toutes manières, lorsqu'un groupe commence à prendre conscience de son existence et de sa responsabilité comme groupe, il arrive que certaines fonctions exercées initialement par l'animateur (par exemple résumer une pensée, répéter ou faire le point) soient prises en charge par les membres du groupe. Ce phénomène facilite une meilleure intégration des membres et une collaboration plus efficace, la fonction d'animation demeurant présente, mais se faisant plus discrète.

Chapitre IX

ÉVALUATION

Héritage de l'éducation, de l'école, des premiers apprentissages, l'évaluation fait souvent peur. C'est malheureux, car elle est fort utile. D'une part, elle est féconde et répond à un besoin profond de la nature humaine, comme l'expliquent Blanchard et Peale: «une évaluation de leur rendement est le meilleur moyen de *motiver* les gens. Nous voulons tous savoir de quelle façon notre travail est perçu. Quand un système d'évaluation de rendement fonctionne bien, les gens sont informés des résultats de leur travail au jour le jour et n'appréhendent plus l'angoissante rencontre formelle où ils se feront mettre en pièces. Malheureusement, la plupart des entreprises n'ont pas de système d'évaluation de rendement et les gens ne savent jamais où ils en sont, ou encore le système est conçu de façon à critiquer les gens et à les punir[1].»

D'autre part, l'évaluation[2] est essentielle pour assurer la productivité du groupe et garantir le maintien de sa solida-

---

1. Voir Blanchard, K. et N. V. Peale, *Management et puissance de l'intégrité,* p. 100.
2. Dans le cadre de ce chapitre, pour des raisons évidentes, il sera plutôt question d'auto-évaluation.

rité. Elle est un des moyens les plus performants dont dispose un groupe qui désire prendre en main la marche générale de son activité, optimiser son efficacité et gérer les divers phénomènes qui marquent son évolution. C'est une fonction d'entretien absolument capitale. Une organisation ou un groupe qui négligerait de s'en occuper délibérément et systématiquement compromettrait sérieusement l'efficacité de son fonctionnement, même pour le motif apparemment légitime d'épargner du temps compte tenu des horaires surchargés. Cette organisation ou entreprise risquerait d'avoir un jour à affronter des problèmes d'ordre émotif, structurel ou opérationnel si sérieux qu'ils pourraient bien entraver le fonctionnement collectif et paralyser la vie du groupe.

En définitive, plus le contenu des discussions est d'importance, plus il est urgent d'aboutir à des solutions justes, plus il est nécessaire d'adopter des résolutions rapidement et de manière efficace, moins le fonctionnement du groupe doit être abandonné au hasard et à l'improvisation. Les deux exemples rapportés au début de la publication *Two Lessons in Group Dynamics*[3], celui des éducateurs chargés de réviser un aspect du programme des études et celui des experts appelés à esquisser une politique américaine sur l'utilisation de l'énergie atomique, entre cent autres exemples de la vie quotidienne, en témoignent éloquemment.

En plus d'être nécessitée par les exigences du fonctionnement du groupe, cette évaluation s'appuie sur des *principes* garantissant son efficacité[4]:

---

3. Educator's Washington Dispatch, *Two Lessons in Group Dynamics*, p. 3.
4. Ces principes sont exprimés dans *My Group and I.* À signaler également l'excellent outil publié par le Groupe CFC, *Guide du gestionnaire mobilisateur.*

- le fonctionnement du groupe reposant sur tous les membres, chacun doit être absolument convaincu qu'il a un *rôle très important* à jouer dans cette évaluation du travail;
- le but de cette évaluation est avant tout de faire progresser le groupe et d'améliorer son travail, bien plus que de raviver l'intérêt des participants (comme par une campagne de publicité); ce n'est pas un truc du comité pour obtenir de la collaboration, mais une discipline que s'impose le groupe pour *s'améliorer lui-même.*

Toutefois, si la nécessité de l'auto-évaluation s'impose de façon absolue, la manière d'exercer cette auto-évaluation est souple et variée. Les instruments utilisés à cette fin sont multiples et peuvent être modifiés selon les circonstances et les besoins des groupes particuliers.

Certains instruments d'auto-évaluation peuvent servir aux individus pour apprécier leur propre participation aux activités du groupe. D'autres servent à l'auto-évaluation du groupe comme groupe. Parmi tous ces instruments, certains sont simples d'application et à la portée de tous; d'autres sont plus complexes et nécessitent le recours à un spécialiste.

*   *   *

Auto-évaluation du participant

Celui qui participe à une activité de groupe peut faire une première évaluation de son comportement en observant les réactions de ses coparticipants lorsqu'il intervient. Il peut aussi se servir des instruments d'auto-évaluation pour observer de façon plus spécifique son comportement aux trois niveaux déjà définis: contenu, procédure, climat.

Enregistrement

Après une discussion enregistrée, le participant intéressé écoute ou visionne l'enregistrement en se posant des questions sur sa propre participation. Il peut observer le nombre et la durée de ses interventions, l'enchaînement de ses propres interventions avec celles qui précèdent, la façon dont on réagit à ses paroles. Il peut reconnaître les participants auxquels il répond le plus souvent et ceux qui lui répondent. Il peut encore étudier ses rapports avec l'animateur: rapports de dépendance, d'opposition ou de collaboration.

Perception des rôles

Cet autre instrument d'auto-évaluation (voir l'annexe 3) sert à apprécier la participation des membres des petits groupes et peut rendre de précieux services lorsqu'il est bien utilisé. Il est composé de quatre parties différentes, chaque participant devant répondre à chacune d'entre elles et porte sur trois catégories: les rôles de solidarité, les rôles de tâche et les rôles individuels.

Il appartient à la personne responsable du questionnaire de compiler les réponses du groupe et de communiquer les résultats à chacun des participants.

La nature des questions impose certaines précautions: le consentement des participants à y répondre et une discrétion absolue de la part du responsable. Les résultats ne doivent généralement pas être discutés en public; quand ils le sont, ce ne peut être qu'avec l'assentiment explicite de tous les membres. Un consentement est même requis pour utiliser ce questionnaire, ou au moins une atmosphère d'intimité et de confiance équivalant à un consentement explicite.

*　　*　　*

Auto-évaluation du groupe

Bien qu'ils aient la même finalité, certains instruments sont utilisés en amont des activités du groupe, d'autres en aval. Ils revêtent tous une utilité certaine, selon les circonstances.

Réservoir d'idées

Cette méthode (voir l'annexe 4) consiste à demander les suggestions de chacun des membres en vue de préciser les objectifs généraux des rencontres et de déterminer les grandes lignes d'un programme d'action, ou en vue de préparer l'ordre du jour d'une discussion ou d'une série de discussions.

Cette méthode présente un double avantage: l'importance individuelle de chacun des participants est fortement soulignée; le contenu du programme est amélioré en tenant compte des préoccupations des membres. Chacun se sent ainsi davantage engagé dans l'entreprise commune.

Une fois les suggestions recueillies, il faut les ordonner selon l'importance que leur accordent les participants; on constitue ainsi un réservoir d'idées et de suggestions. On peut ensuite faire de nouveau appel aux participants en demandant leurs réactions devant cette première ébauche de programme. On peut même les inviter à marquer leur degré d'intérêt pour chacune des suggestions proposées.

Des résultats analogues peuvent être obtenus par l'équivalent oral de cette méthode écrite. Pour ce faire, on peut diviser le groupe en petites sections au début d'une réunion. Dans ces petits groupes de cinq ou six personnes, chacun pourra alors faire connaître ses préoccupations et ses désirs d'une manière tout à fait spontanée, la discussion générale postérieure s'en trouvant facilitée d'autant. Le même type de cueillette d'idées peut aussi se faire sans diviser le groupe. Quelle que soit la modalité utilisée, l'important est d'évaluer l'ordre du jour ou le programme au fur et à mesure de sa construction.

Billet d'appréciation

Autre instrument d'auto-évaluation (voir l'annexe 5), le billet d'appréciation aide à connaître les réactions des participants et permet souvent d'améliorer le fonctionnement du groupe. Il est employé à la fin d'une réunion.

La plupart des personnes qui ont participé à une rencontre sont généralement heureuses de donner leur jugement sur la réunion qui vient de se tenir et se sentent d'ordinaire disposées à offrir brièvement leurs suggestions pour améliorer le rendement du groupe. Le billet d'appréciation est donc une manière facile et peu compromettante (puisqu'il n'est pas signé) de canaliser ces suggestions.

On peut utiliser cet instrument indifféremment avec de petits ou de grands groupes spontanés ou des groupes institutionnels. Les participants sont invités à le remplir trois minutes avant l'ajournement de la réunion. Les billets sont recueillis et compilés; par la suite, on fera connaître les résultats de cette compilation. Bien entendu, les officiers se doivent de donner suite aux suggestions réalisables, pourvu qu'elles reflètent une proportion suffisante de l'opinion des membres et qu'elles soient conformes à la mission et aux objectifs du groupe.

Revue de l'activité

Ces feuilles d'auto-évaluation peuvent être distribuées une ou deux fois par ensemble de travaux ou de réunions. À cette occasion, elles remplacent le billet de fin de réunion; elles fournissent aux participants une occasion de manifester leur appréciation sur l'ensemble du travail et de porter un jugement plus réfléchi sur les réussites et les faiblesses de la période écoulée. Trois formules de ce genre d'auto-évaluation sont proposées plus loin (voir l'annexe 6). Elles peuvent être remplies dans une dizaine de minutes. Utilisée à intervalles réguliers, cette technique est souvent fort utile.

Séance d'autocritique

Il est également très profitable, bien qu'un peu plus difficile, pour les membres d'un groupe de s'autocritiquer verbalement. Pour ce faire, ils peuvent ou bien réserver à cette pratique quelques minutes à la fin de la discussion, ou y consacrer une séance entière. Dans ce dernier cas, il est souvent plus prudent de s'adjoindre un animateur externe évidemment neutre.

Cette technique vise à assurer un meilleur apprentissage du travail en groupe, en favorisant une prise de conscience plus aiguë des comportements individuels et collectifs. Elle requiert une dose assez forte d'énergie émotive et une bonne capacité d'objectivité de la part de ceux qui s'y livrent. Mais la qualité des résultats obtenus est souvent fort étonnante; le principal problème est alors de trouver le moyen de garantir à ces échanges assez de franchise et d'objectivité.

Au surplus, cette séance d'autocritique permet de varier l'auto-évaluation du groupe. Elle apporte un élément nouveau et plus spontané dans la confrontation des opinions de chacun des membres, et, pourvu que les participants s'y prêtent de bonne grâce, lucidement et sans parti pris, elle confère souvent à un groupe une solidarité et une cohésion inespérées.

Durant la période consacrée à l'autocritique verbale, les participants peuvent chercher à analyser en commun les points suivants:

- les motifs de leur satisfaction ou de leur insatisfaction à la suite de la réunion, ou des réunions;
- les divers incidents propres à éclairer le groupe sur son comportement: blocages intellectuels ou émotifs, apartés, pressions, résistances, agressivité;

- le comportement des participants, non pas en tant qu'individus, mais en tant que membres d'une même organisation: moral, esprit de corps, respect de l'opinion d'autrui et disponibilité pour l'échange et la collaboration;
- le comportement de l'animateur et des autres officiers du groupe; favorise-t-il la participation générale? crée-t-il une atmosphère propice aux échanges et à la collaboration?

*   *   *

Observation

Parmi les moyens d'auto-évaluation, il en est un beaucoup plus élaboré que les autres, qui sert à l'auto-évaluation du participant aussi bien qu'à celle du groupe. C'est l'observation.

Cette technique permet à chaque participant d'obtenir des mesures objectives de certains aspects de son comportement en groupe. Elle permet aussi au groupe d'augmenter l'objectivité de ses séances d'autocritique. L'annexe 7 présente deux méthodes d'observation simples, que toute personne prudente pourra utiliser sans qu'il soit nécessaire de faire appel à des experts: l'observation de l'*interaction groupe-animateur* et de la *solidarité interindividuelle*. On peut utiliser ces deux méthodes séparément ou conjointement; dans ce dernier cas, il faut confier chacune des tâches à une personne différente.

Qu'il ne soit pas indispensable d'avoir recours à des experts en dynamique des groupes pour procéder à l'observation ne signifie aucunement que l'expérience puisse être réussie par n'importe qui, ni qu'elle puisse s'engager n'importe comment, encore moins qu'elle puisse se dérouler sans surveillance et sans contrôle. Il est nécessaire de prendre certaines précautions, qui peuvent se ramener aux points suivants:

- les personnes qui composent le groupe doivent posséder un degré raisonnable de lucidité, d'objectivité et de *maturité*;
- le groupe doit être clairement *informé* de la nature de cette expérience d'observation et des grandes lignes de la méthode à suivre;
- le groupe doit formellement consentir à entreprendre ce travail et accepter en principe les remarques des observateurs; il doit comprendre que *de lui* dépend le résultat de l'expérience et accepter cette responsabilité;
- les responsables de l'observation doivent veiller spécialement sur le déroulement de l'expérience et présider discrètement mais réellement à son évolution.

L'observateur doit se poster de manière à ne rien perdre des interventions, tout en demeurant assez à l'écart du groupe pour ne pas gêner la discussion par son silence et pouvoir accomplir sa tâche avec la discrétion requise. Sous aucun prétexte, au surplus, il ne doit prendre part à la discussion.

* * *

Supervision et consultation

Ces deux pratiques impliquent le recours à un spécialiste externe au groupe. Les deux termes sont souvent confondus, bien que, selon notre expérience, il ne soit pas avantageux de le faire.

La *supervision* est l'action collective selon laquelle tous les membres d'un groupe, hiérarchie suspendue, acceptent de réfléchir sur leurs attitudes et leurs comportements professionnels sous le monitorat d'un expert externe, souvent membre de la même profession que les participants. Il va sans dire, pour la santé de la démarche, qu'aucune décision ne saurait faire l'objet des échanges.

Lors de la *consultation* collective, au contraire, la hiérarchie demeure en place et le consultant donne des avis et aide le groupe à s'examiner, à réfléchir et à prendre des décisions.

D'office, il est en relation privilégiée avec la hiérarchie, alors que la supervision se planifie habituellement sur une période définie (un semestre, une année, ou plus longtemps), la consultation est habituellement ponctuelle et prend fin lorsque le problème est résolu ou à la suite d'une décision du client ou du consultant.

*   *   *

L'évaluation qu'un groupe fait de lui-même est sans contredit très efficace. Mais elle est difficile à réaliser et requiert de sérieuses précautions, beaucoup de tact et une entière discrétion. Bien que directement reliée au progrès du groupe, elle risque, dès que les membres en deviennent trop conscients, d'enrayer la spontanéité et de rendre la participation moins naturelle et moins profonde, même si chacun a en vue les progrès du groupe. C'est pourquoi l'auto-évaluation doit être utilisée avec équilibre, *prudence* et discrétion, sinon elle risque de froisser des individus et de détourner du travail essentiel du groupe les esprits les mieux disposés et les plus enthousiastes.

Enfin, il faut noter que les quelques techniques d'auto-évaluation présentées ici ne constituent qu'une partie de l'arsenal des instruments d'auto-évaluation. Ces pages visent simplement à mettre entre les mains de ceux qui sont responsables de la vie d'un groupe quelques moyens d'auto-évaluation faciles à utiliser. D'ailleurs, rien ne les empêche, à l'occasion, de recourir aux services d'un consultant spécialisé.

Au chapitre de l'évaluation, il est utile de rappeler que la dynamique des groupes est non seulement une science et un arsenal de techniques, mais avant tout un esprit.

TROISIÈME PARTIE

Une théorie sur le groupe

Chapitre X

LA THÉORIE DU GROUPE
OPTIMAL DE ST-ARNAUD[1]

Yves St-Arnaud aime bien citer une phrase de Kurt Lewin, le fondateur de la dynamique des groupes: «Il n'y a rien de plus pratique qu'une bonne théorie.» On peut désormais lui retourner le compliment: sa théorie du groupe optimal est non seulement pratique, mais elle fait la synthèse d'une grande partie des recherches en langue française et en langue américaine et fournit au praticien un instrument de référence précis, clair, pertinent et éminemment utile.

*   *   *

---

1. Le lecteur constatera sans doute que les deux premières parties de ce livre, issues de notre expérience, rejoignent cette théorie du groupe optimal, exposée magistralement dans *Les petits groupes. Participation et communication* de Yves St-Arnaud. C'est pourquoi, avec la bienveillante autorisation de notre collègue et ami, il nous a semblé opportun d'en présenter ici un résumé succinct, que nous estimons fidèle, mais dont nous assumons la responsabilité.

Principes de base

1. Le premier principe de cette théorie s'énonce comme suit: *la perception d'une cible commune et les relations entre les membres par rapport à celle-ci sont génératrices d'énergie.* Elles permettent la **naissance** du groupe, le passage du rassemblement d'individus au système-groupe.

Le *système-groupe* se définit dès lors comme un champ psychologique produit par a) l'interaction de trois personnes ou plus, réunies en situation de face à face dans la recherche, la définition et la poursuite d'une cible commune, b) l'interaction de chacun avec la cible commune (la participation favorisant la production) et c) l'interaction des personnes entre elles (la communication favorisant la solidarité).

La participation optimale se présente comme suit:

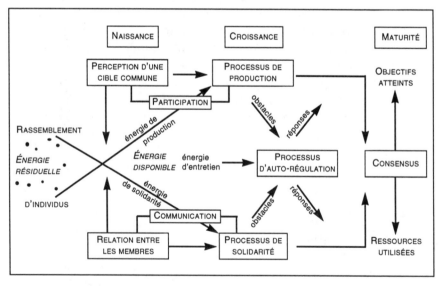

2. Deuxième principe. Le groupe se développe selon *un processus de* **croissance** *dans la mesure où l'énergie disponible augmente par rapport à l'énergie résiduelle;* il se détériore dans la mesure où l'énergie résiduelle augmente au détriment de l'énergie disponible; l'énergie disponible augmente dans la mesure où les membres participent et communiquent entre eux.

3. Troisième principe. *Spontanément, l'énergie disponible se décompose en deux types: une énergie de production:* source et effet de la *participation,* elle alimente un processus *primaire* de production selon lequel le système-groupe demeure centré sur une cible commune qu'il ébauche, définit, poursuit et atteint; *et une énergie de solidarisation:* source et effet de la *communication,* elle alimente un processus *primaire* de solidarité selon lequel les membres tiennent compte les uns des autres en tant que personnes-apportant-des-ressources-au-groupe et permet au système-groupe de maintenir des liens entre les membres, leur évitant de se dissocier les uns des autres et favorisant le partage de la responsabilité collective.

Toutefois, le système-groupe ne dispose pas de mécanisme inné de coordination et d'autorégulation; en conséquence, il est inévitable que surgissent des obstacles à la production et à la solidarité. Il est donc impératif de *s'en occuper.*

4. Quatrième principe. *Le système-groupe maintient son harmonie dans la mesure où il convertit délibérément une partie de son énergie disponible en énergie d'entretien,* dosage équilibré qui lui permet de lever ces obstacles ou de les atténuer à mesure qu'ils surgissent, et alimente un processus *secondaire* d'*autorégulation.*

5. À mesure que le système-groupe coordonne, équilibre et intègre certains processus de base (production, solidarité, autorégulation), il atteint la **maturité** qui lui permet d'atteindre la cible commune en utilisant toutes les ressources et se manifeste par le *consensus*. Le cinquième principe se formule donc comme suit: le *système-groupe atteint sa maturité lorsqu'il est capable de consensus sur des aspects importants de sa croissance*. Pour atteindre son rendement optimal, le système-groupe a besoin d'une somme importante d'énergie d'entretien.

*   *   *

Participation optimale

Comment faciliter la *naissance* du système-groupe? En soignant l'*organisation* initiale du groupe.

Comment faciliter le processus de *production?* En favorisant la *participation* optimale du système-groupe, suivant trois principes:

1. *tout membre peut contribuer au bon fonctionnement du système-groupe,* quelles que soient les positions qu'il privilégie sur son axe de participation, *pourvu qu'il occupe ces positions positivement;*

2. *plus un membre est mobile sur son axe de participation, plus il contribue efficacement au processus de production,* fournissant une plus grande contribution au groupe;

3. *un membre contribue davantage à la production du système-groupe lorsqu'il privilégie les positions émetteur-récepteur sur son axe de participation: c'est la distance optimale.*

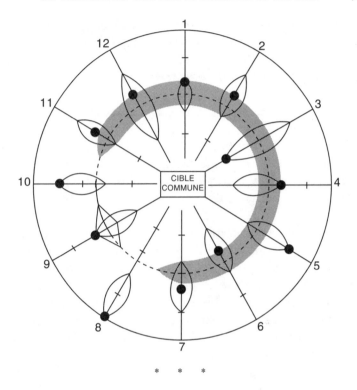

*   *   *

Communication optimale

Comment faciliter le processus de *solidarité?* En favorisant une *communication* optimale, suivant quatre principes:

1. *manifester de l'attention aux personnes réunies et reconnaître les ressources que chacun apporte au groupe,* créant ainsi des cercles d'interaction, le cercle optimal étant évidemment celui où tous les membres privilégient les positions émetteur-récepteur. Conditions requises: authenticité, considération positive inconditionnelle, empathie, confirmation de l'autre, compétences mutuellement reconnues par rapport à la cible, priorité de la cible sur les besoins personnels;

2. *il est utile qu'un membre partage avec autrui les éléments socioémotifs qui l'empêchent d'osciller librement sur son axe de participation et de se maintenir à la distance optimale et qui l'incitent à se désolidariser des autres, pourvu qu'il puisse le faire de manière descriptive et non évaluative.* Conditions: lucidité et prudence;

3. *plus les membres acquièrent une conscience de groupe, plus ils se solidarisent et plus ils s'adressent à l'ensemble de groupe.* Condition: chacun doit faire l'*insight* d'un fonctionnement de membre;

4. *le groupe établit un leadership efficace lorsqu'il reconnaît et intègre le fait de la diversité dans la force d'attraction exercée par chacun sur les autres et dans la possibilité qu'a chacun de susciter ou de briser des cercles d'interaction.* Condition: plus un membre exerce de leadership, plus il doit se tenir à distance optimale sur son axe de participation; le membre qui participe positivement au leadership est celui qui, par sa personnalité et son comportement en groupe, suscite de l'intérêt pour la recherche, la définition et la poursuite de la cible commune, incite les autres à privilégier la distance optimale sur leurs axes de participation et à développer une conscience de groupe.

*   *   *

Obstacles à la production et à la solidarité

Comment faire face aux obstacles? En ayant systématiquement recours à l'*énergie d'entretien* et en mettant au point d'efficaces mécanismes de fonctionnement: animation (clarification du contenu, organisation des procédures, facilitation du climat), auto-évaluation, procédures de décision.

*   *   *

Voilà sans doute pourquoi, comme le dit St-Arnaud lui-même, «les praticiens ont adopté [le modèle du groupe optimal] avec enthousiasme, le trouvant déjà assez complet pour guider leur action et leur réflexion sur les groupes».

Pour ce qu'elle vaut, notre expérience confirme sans hésitation cette option des praticiens.

Annexe 1

ATTITUDES DIRECTIVE ET NON DIRECTIVE

	Animateur directif	Animateur non directif
Total des interventions:	1 288	1 339
Participation de l'animateur:	708 (soit 55 %)	231 (soit 17 %)
Participation du groupe:	580 (soit 45 %)	1 109 (soit 83 %)

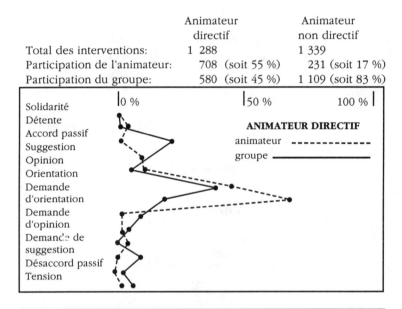

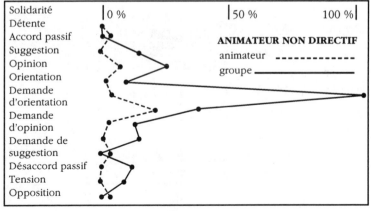

Annexe 2

CARACTÉRISTIQUES ET EFFETS
DE L'ANIMATION

Comparaison du comportement des animateurs autocratique, démocratique et débonnaire

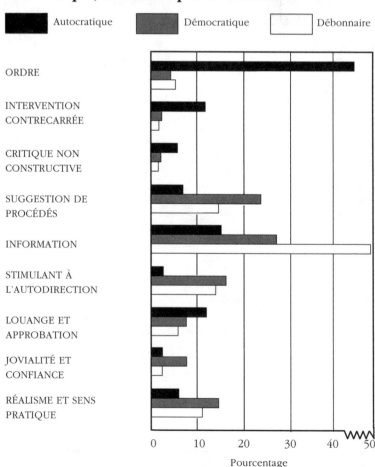

Relations entre participants et animateur

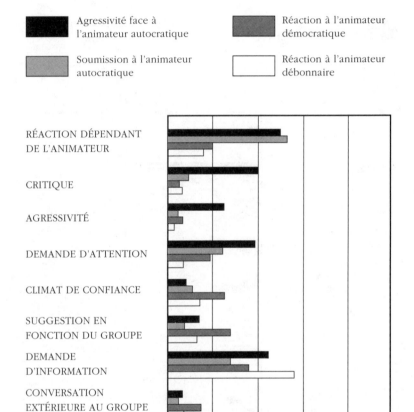

Types de réactions entre les participants

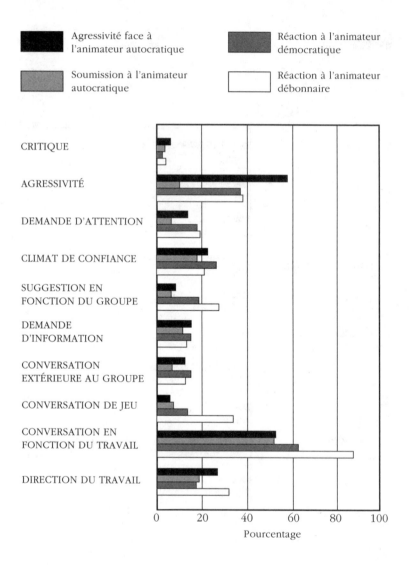

Agressivité face à l'animateur autocratique

Réaction à l'animateur démocratique

Soumission à l'animateur autocratique

Réaction à l'animateur débonnaire

CRITIQUE

AGRESSIVITÉ

DEMANDE D'ATTENTION

CLIMAT DE CONFIANCE

SUGGESTION EN FONCTION DU GROUPE

DEMANDE D'INFORMATION

CONVERSATION EXTÉRIEURE AU GROUPE

CONVERSATION DE JEU

CONVERSATION EN FONCTION DU TRAVAIL

DIRECTION DU TRAVAIL

0   20   40   60   80   100

Pourcentage

Les conclusions qui se dégagent de ces expériences peuvent se ramener à six énoncés.

- *L'animateur débonnaire est nettement moins efficace que l'animateur démocratique.*

Le groupe conduit par un animateur débonnaire est moins structuré, moins efficace et, par conséquent, moins satisfaisant que le groupe animé démocratiquement et cela pour les participants eux-mêmes. Le rapport du temps consacré au travail constructif est de 33 % à 50 %. Le manque de direction dans ce groupe provoque la désorganisation et, en conséquence, le découragement et souvent l'exaspération.

- *Le groupe animé démocratiquement est nettement plus efficace que le groupe animé de manière autocratique.*

Dans ce groupe, la productivité demeure à peu près constante, variant entre 46 % et 50 %, et le passage d'un animateur autocratique à un animateur démocratique est marqué par une hausse de productivité (de 16 % à 52 %) et une baisse des réactions de passivité (de 74 % à 29 %). En plus d'être constant, le travail produit sous un animateur démocratique est souvent plus original.

- On rencontre *plus d'agressivité et d'hostilité dans un groupe dont l'animateur est autocratique.*

Les réactions d'hostilité constituent 18 % des interventions enregistrées dans un groupe dont l'animateur est autocratique, moins de 1 % lorsque l'animateur est démocratique.

- *L'animateur autocratique peut créer un mécontentement qui ne se manifeste pas directement au niveau du groupe.*

- *Le groupe dont l'animation est autocratique est plus dépendant et souvent moins original.*

Les réactions de démission face à l'animateur sont deux fois plus nombreuses dans le groupe dont l'animateur est autocratique que dans un groupe animé démocratiquement.

- *Il y a plus d'esprit d'équipe et de sympathie dans le groupe dont l'animateur est démocratique que dans le groupe conduit autocratiquement.*

L'emploi du pronom «je» passe de 64 % à 82 %.

Annexe 3

PERCEPTION DES RÔLES

Le **premier questionnaire** demande un nombre de feuilles égal au nombre de participants, moins un, et requiert deux minutes par feuille soit dix-huit minutes pour dix participants. Chaque participant écrira donc le nom de tous les membres de l'équipe, en excluant le sien, dans les rectangles portant le mot «participant»; il écrira également le sien dans tous les rectangles portant le mot «observateur». Dans les carrés préparés à cette fin, il cotera ensuite la fréquence avec laquelle chacun des participants qu'il observe remplit selon lui les divers rôles énumérés sur la feuille.

Le **deuxième questionnaire** requiert dix minutes. Il demande à chaque participant de classer tous les membres de son groupe (sauf lui-même) selon les critères indiqués dans le questionnaire. Il faut attribuer un rang différent à chacun des participants, le rang 1 désignant la personne qui remplit le plus souvent le rôle en question, et ainsi de suite.

Le **troisième questionnaire** est identique au premier, mais cette fois, le participant évalue son propre comportement. Il requiert trois minutes.

Le **quatrième questionnaire** est également identique au premier et requiert cinq minutes. Chaque participant doit inscrire son propre nom dans le rectangle portant le mot «participant». Dans le rectangle portant le mot «observateur», il inscrit le nom d'une autre personne du groupe, à son choix (sauf l'animateur, si cette fonction revient toujours à la même personne). Il s'agit ensuite de se mettre à la place de la personne choisie et de répondre au questionnaire. Ainsi, si moi, Paule, je choisis le nom de Jean, je dois chercher à imaginer comment Jean évalue ma contribution au groupe, et, dans les carrés, coter la fréquence avec laquelle, selon lui, je remplis chacun des rôles mentionnés.

Une autre pratique, délicate mais très féconde, consiste à regrouper les participants par trios et à inviter chacun à répondre au troisième questionnaire d'abord, puis, sans concertation et sur deux formulaires différents, à répondre au premier questionnaire pour chacun des deux autres partenaires du trio. Ensuite, quand les trois partenaires ont terminé, mais alors seulement, on les invite à échanger les formulaires de manière que chacun ait sous les yeux les trois formulaires sur lesquels il est «participant»; on invite alors chaque trio à s'expliquer les différences de perception, en rappelant le primat de la subjectivité dans cet exercice, le droit de chacun à ses perceptions et l'intérêt de ces différentes perceptions.

Perception des rôles

Participant:	
Date:	
Observateur:	

ENCERCLEZ LE CHIFFRE qui, dans l'échelle 1 - 6,
vous semble décrire son comportement.

RÔLES DE TÂCHE	- Fréquence +
1. FACILITE LA PARTICIPATION des autres, ouvre les communications	1 2 3 4 5 6
2. ENCOURAGE, donne son accord, son adhésion, manifeste de l'affection, de la cordialité, comprend et accepte les autres	1 2 3 4 5 6
3. PROPOSE UN IDÉAL auquel le groupe doit aspirer dans sa marche	1 2 3 4 5 6
4. HARMONISE LES DIFFÉRENCES entre participants et sous-groupes	1 2 3 4 5 6
5. OBSERVE LE GROUPE, fait de commentaires sur sa marche	1 2 3 4 5 6
6. RECHERCHE ET FAVORISE LES COMPROMIS, admet ses erreurs	1 2 3 4 5 6
7. SUIT LES AUTRES volontairement ou passivement, donne son accord sur les décisions	1 2 3 4 5 6

RÔLES DE SOLIDARITÉ	- Fréquence +
1. AMORCE, propose des idées nouvelles, stimule le groupe	1 2 3 4 5 6
2. DEMANDE DES INFORMATIONS ET DES OPINIONS	1 2 3 4 5 6
3. OFFRE SES OPINIONS personnelles, ses convictions intimes	1 2 3 4 5 6
4. DONNE DES INFORMATIONS comme expert ou d'après l'expérience	1 2 3 4 5 6
5. ORIENTE, définit la position du groupe par rapport à ses buts	1 2 3 4 5 6
6. REFORMULE ou EXPLICITE par des exemples, des suggestions de solutions de rechange	1 2 3 4 5 6
7. RÉSUME, coordonne les relations entre les idées et les suggestions ou l'activité des membres	1 2 3 4 5 6

RÔLES INDIVIDUELS	- Fréquence +
1. Manifeste ouvertement un MANQUE D'INTÉRÊT par de la nonchalance, du cynisme, des bouffonneries	1 2 3 4 5 6
2. CHERCHE À DOMINER le groupe, à imposer son autorité en tentant d'assujettir ou de manipuler le groupe ou certains membres du groupe	1 2 3 4 5 6
3. ATTAQUE SANS RAISON le groupe ou les individus, déprécie autrui, plaisante avec agressivité	1 2 3 4 5 6
4. CHERCHE À MOBILISER L'ATTENTION sur soi	1 2 3 4 5 6
5. BLOQUE, S'OPPOSE ou RÉSISTE plus que de raison, ramène un problème déjà résolu ou dépassé, est toujours «contre»	1 2 3 4 5 6
6. DEMANDE DE L'AIDE, de la sympathie, soit par insécurité, soit par sous-estimation personnelle	1 2 3 4 5 6
7. UTILISE LE GROUPE COMME AUDITOIRE pour exposer ses opinions, ses idées personnelles, ses sentiments	1 2 3 4 5 6

Perception des rôles

| Participant: |
| Date: |
| Observateur: |

Les RÔLES DE TÂCHE se rapportent aux OBJECTIFS du groupe, à la tâche qu'il a mission d'accomplir.

Ces rôles visent à faciliter et à coordonner les efforts du groupe dans la sélection et la définition d'un problème commun, et dans la solution de ce problème.

En vous référant à la définition des rôles de tâche, classez les membres de votre groupe en ordre décroissant, en commençant par celui qui joue le plus souvent ces rôles.

Ne vous incluez pas dans cette liste.

1. ....
2. ....
3. ....
4. ....
5. ....
6. ....
7. ....
8. ....
9. ....
10. ....

Les RÔLES DE SOLIDARITÉ sont orientés vers le fonctionnement du groupe EN TANT QUE GROUPE.

Ils visent à changer ou à maintenir la façon de travailler du groupe, à renforcer, à diriger et à maintenir le groupe en tant que groupe.

En vous référant à la définition des rôles de solidarité, classez les membres de votre groupe en ordre décroissant, en commençant par celui qui joue le plus souvent ces rôles.

Ne vous incluez pas dans cette liste.

1. ....
2. ....
3. ....
4. ....
5. ....
6. ....
7. ....
8. ....
9. ....
10. ....

Les RÔLES INDIVIDUELS sont orientés vers l'affirmation et la situation des INDIVIDUS dans le groupe.

Ces rôles visent un but individuel, qui est de permettre aux individus d'exprimer leur émotivité et de satisfaire à leurs besoins personnels respectifs.

En vous référant à la définition des rôles individuels, classez les membres de votre groupe en ordre décroissant, en commençant par celui qui joue le plus souvent ces rôles.

Ne vous incluez pas dans cette liste.

1. ....
2. ....
3. ....
4. ....
5. ....
6. ....
7. ....
8. ....
9. ....
10. ....

Annexe 4

RÉSERVOIR D'IDÉES

Premier choix   **8 janvier**

PROGRAMME
DE NOTRE PROCHAINE SESSION D'ÉTUDES

Deux problèmes ont déjà été inscrits à l'ordre du jour de nos prochaines discussions; ajoutez la liste des autres questions que le groupe devrait discuter, selon vous.

1. Le code scolaire

2. La préparation des enseignants pour affronter les exigences scolaires prévisibles pour les 10 prochaines années.

3. ....

4. ....

5. ....

6. ....

7. ....

8. ....

Renvoyez au secrétaire pour le 8 février

s.v.p. ne pas signer

Deuxième choix   **15 février**

PROGRAMME
DE NOTRE PROCHAINE SESSION D'ÉTUDES

Cochez d'un X le degré d'intérêt ressenti devant les propositions suivantes:

INTÉRESSÉ: PEU ASSEZ TRÈS

1. Le code scolaire   ❏   ❏   ❏

2. La préparation des enseignants pour affronter les exigences scolaires prévisibles pour les 10 prochaines années   ❏   ❏   ❏

3. La réforme des transports scolaires.   ❏   ❏   ❏

4. Déterminer la finalité propre à chaque groupe de matières qui forment le corps du curriculum   ❏   ❏   ❏

5. Dans quelle mesure est-il avantageux de faire partager l'autorité aux élèves dans les écoles secondaires?   ❏   ❏   ❏

6. Préciser les objectifs propres aux niveaux primaire, secondaire, universitaire   ❏   ❏   ❏

Renvoyez au secrétaire pour le 15 mars

s.v.p. ne pas signer

Annexe 5

BILLET D'APPRÉCIATION

Premier exemple

Billet		**Fin de réunion**
La rencontre de ce soir vous a paru		
	— très bonne	❏
	— bonne	❏
	— moyenne	❏
	— mauvaise	❏
	— très mauvaise	❏

Quelles ont été nos faiblesses?

Quelles ont été nos réussites?

Quelles améliorations suggérez-vous pour rendre nos prochaines réunions plus efficaces?

s.v.p. ne pas signer

Deuxième exemple

Billet   **Fin de réunion**

Comment avez-vous   Comment avez-vous
apprécié le film?   apprécié le débat?

❏	Excellent	❏
❏	Très intéressant	❏
❏	Moyen	❏
❏	Peu intéressant	❏
❏	Mauvais	❏

Quelles améliorations suggérez-vous pour les prochaines
séances? _____

_____

Quels films suggérez-vous pour l'avenir, ou pour la
prochaine saison? _____

_____

                                        s.v.p. ne pas signer

Troisième exemple

Billet   **Fin de réunion**

Que pensez-vous de cette réunion?

1. Quels points vous ont paru agréables ou utiles au cours de la réunion?

2. Quels points vous ont déplu?

3. Quelles améliorations suggérez-vous pour la prochaine réunion?

4. Combien de fois avez-vous voulu parler et en avez-vous été empêché parce que

   a) vous ne pouviez obtenir la parole?   environ .... fois
   b) cela vous semblait inutile ou peu important?   environ .... fois
   c) vous craigniez que le groupe n'accepte pas votre contribution?   environ .... fois
   d) votre contribution n'aurait pas aidé le groupe à ce moment-là?   environ .... fois
   e) vous ne pouviez pas vous exprimer assez clairement?   environ .... fois
   f) quelqu'un l'avait déjà dit?   environ .... fois
   g) autres raisons? (spécifiez s.v.p.)   environ .... fois

5. Dans l'ensemble, comment évaluez-vous cette réunion?

                                               excellente ❑
                                                    bonne ❑
                                            satisfaisante ❑
                                                 médiocre ❑
                                                 mauvaise ❑

6. Autres commentaires?_____

_____

                                          s.v.p. ne pas signer

---

Annexe 6

REVUE DE L'ACTIVITÉ

Première formule

	Très peu	peu	assez	beaucoup	très
1. Dans quelle mesure le groupe a-t-il atteint son objectif?	❏	❏	❏	❏	❏
2. Dans quelle mesure les moyens suivants ont-ils aidé le groupe à atteindre son objectif?					
— Discussion en plénière	❏	❏	❏	❏	❏
— Discussions en petits groupes	❏	❏	❏	❏	❏
— Séance d'autocritique	❏	❏	❏	❏	❏
— Animation des discussions	❏	❏	❏	❏	❏
— Observation pendant les discussions	❏	❏	❏	❏	❏
— Rapports des secrétaires	❏	❏	❏	❏	❏
— Enregistrement des discussions	❏	❏	❏	❏	❏
— Activité du comité	❏	❏	❏	❏	❏
3. La durée des réunions était-elle convenable?	❏	❏	❏	❏	❏
4. Le groupe s'est-il senti uni dans la poursuite de son objectif?	❏	❏	❏	❏	❏
5. Dans quelle mesure l'atmosphère des discussions permettait-elle la participation de tous les membres?	❏	❏	❏	❏	❏

6. Autres observations et commentaires: _____

_____

Renvoyez ce document pour le 30 mars à:
Comité de la bonne entente
a/s Jean Ledoux
3200, rue de l'Accord
Paris

Deuxième formule

1. Dans quelle mesure notre groupe a-t-il atteint les objectifs que nous nous sommes fixés? _____

_____

2. Sommes-nous tous également intéressés à la façon d'agir du groupe? _____

_____

3. L'atmosphère des réunions est-elle propice à une collaboration effective de chacun des participants? _____

_____

4. Peut-on dire que chacun prend une part à peu près égale à la discussion? _____

_____

5. Discutons-nous sur le sujet ou avons-nous tendance à divaguer?

_____

_____

6. Peut-on dire qu'en prenant la parole, chacun tient compte de ce qui a été dit avant lui? _____

_____

7. Comment apprécier l'efficacité des officiers du groupe?

_____

l'animateur? _____

le secrétaire? _____

les observateurs? _____

les experts? _____

les préposés aux autres services? _____

8. Autres observations? _____

_____

_____

s.v.p. ne pas signer

Troisième formule

I. OBSERVATION DU GROUPE COMME GROUPE
(participants et officiers)

A. Orientation

1. Quels résultats avons-nous obtenus?
2. Dans quelle mesure sommes-nous pénétrés de nos objectifs?
3. Dans quelle mesure avons-nous compris la méthode utilisée pour atteindre nos objectifs?
4. Dans quelle mesure notre travail a-t-il été entravé par défaut d'information et de connaissance?

B. Unité et motivation

1. Étions-nous tous également intéressés par la façon d'agir propre à notre groupe?
2. Cet intérêt s'est-il maintenu? Est-il tombé par moments?
3. Dans quelle mesure le groupe s'est-il senti uni pour la même cause?
4. Dans quelle mesure avons-nous réussi à subordonner nos intérêts personnels à l'idéal commun?

C. Atmosphère

1. L'atmosphère du groupe a-t-elle été simple ou tendue?
2. Accueillante et naturelle ou guindée et artificielle?
3. Propice à la collaboration ou propice à la compétition?
4. Amicale ou hostile?
5. Autres observations?

II. OBSERVATIONS SUR LA PARTICIPATION PERSONNELLE DES MEMBRES

A. Participation ordinaire

1. La participation du groupe a-t-elle été générale ou partielle?
2. Les interventions ont-elles porté sur le sujet de la discussion ou ont-elles eu tendance à divaguer?
3. Les interventions ont-elles révélé que leurs auteurs avaient écouté attentivement les interventions précédentes?
4. Les interventions ont-elles été directes et à point, ou bien les participants se sont-ils révélés incapables de surmonter leurs idées préconçues et leurs attitudes émotives?

B. Services au groupe

1. Avec quel succès l'animateur (les animateurs) a-t-il (ont-ils) servi le groupe?
2. Avec quelle fidélité le (s) secrétaire (s) a-t-il (ont-ils) rédigé les rapports?
3. De quelle utilité ont été les observateurs?
4. Autres services?

III. AUTRES OBSERVATIONS ET COMMENTAIRES

s.v.p. ne pas signer

Annexe 7

MÉTHODES D'OBSERVATION

1. Interaction groupe-animateur

Par interaction, on entend l'activité de chacun en rapport avec celle des autres: animateur, participants, groupe.

L'observateur ne tient compte ni du contenu de la discussion ni du détail de la procédure. Toute son attention doit se porter sur le nombre et le genre d'interventions de l'animateur et des participants. Dans les colonnes correspondantes, il note chacune des interventions de l'animateur, soit qu'il exprime ses idées personnelles, soit qu'il parle en fonction du groupe. Il note également chacune des interventions des participants (non en tant qu'individus, mais comme identifiés au groupe), soit que ces interventions s'adressent à l'animateur, soit qu'elles s'adressent au groupe en apportant du neuf à la discussion, soit qu'elles s'adressent au groupe en s'enchaînant à l'intervention précédente.

S'il utilise le formulaire du tableau **a)**, l'observateur indique le temps écoulé dans la colonne de gauche, généralement cinq minutes par section. Une fois la discussion terminée, après avoir inscrit son nom et la date dans les rectangles appropriés, il compte le nombre d'interventions de chaque sorte et l'inscrit sur la ligne qui porte le mot «total».

Il établit ensuite le profil dynamique de la discussion à l'aide du tableau **b).** Il fait d'abord le total des interventions de l'animateur et du groupe pour toute la discussion et inscrit ces chiffres dans les plus grands des rectangles; il établit ensuite le rapport entre ces deux chiffres et l'inscrit dans le second rectangle: ainsi, si l'animateur est intervenu 40 fois et le groupe 200 fois, le rapport sera de 1 à 5, ce qui, comme on l'a vu, est excellent. Il reproduit ensuite le détail du progrès de la discussion selon chacune des durées (cinq minutes) de son développement: si l'animateur a fait cinq interventions personnelles et huit interventions en fonction du groupe pendant les cinq premières minutes, l'observateur noircira treize cases, et ainsi de suite, pour l'animateur et pour le groupe. Le carré isolé au-dessus des deux profils indique la valeur de chacun des petits carrés; chaque ligne en compte trente-six; il se peut que le groupe ait fait plus de trente-six interventions pendant l'une ou l'autre des périodes de cinq minutes; dans ce cas, on donnera à chacun des carrés la valeur de deux (ou plus, au besoin) et on inscrira le chiffre 2 au bout du petit carré isolé. Il faut attribuer la même valeur au carré de l'animateur et à celui du groupe.

Le tableau **a)** peut servir à évaluer l'ensemble des différentes participations sans tenir compte du temps: c'est le profil statique. Les cases doivent être remplies dans chaque colonne en allant de gauche à droite, de façon à respecter les proportions. Chaque ligne de carrés comporte, en effet, cinq fois (environ) plus d'unités pour l'ensemble des participants que pour l'animateur.

Une fois le profil dessiné, l'observateur peut dégager ses propres conclusions. Celles-ci seront forcément des hypothèses, que les expérimentations subséquentes permettront de vérifier. Il est très important, en plus d'être honnête, de distinguer nettement les données qui ressortissent à l'observation de celles qui résultent des interprétations de l'observateur: les premières sont des faits; les secondes, des opinions.

Tout en respectant cette distinction, il est possible d'émettre plusieurs hypothèses que l'expérience a déjà vérifiées:

1. il existe un rapport entre le nombre d'interventions de l'animateur et le nombre d'interventions du groupe, en ce sens qu'un animateur peut parler trop peu ou trop et ainsi provoquer une participation moins grande de la part du groupe. Le rapport idéal, on l'a vu, est de 1 à 5;
2. il existe un rapport entre le nombre d'interventions personnelles de l'animateur et le nombre d'interventions du groupe dirigées vers lui, et, ainsi, entre la généralité et la collectivité de la discussion: autrement dit, plus un animateur émet d'idées personnelles, plus le groupe s'adresse à lui, moins les participants échangent entre eux (le tableau souligne éloquemment cet aspect);

3. le type d'interventions le plus fécond, celui qui produit les meilleurs résultats sur les plans du contenu et de la procédure et procure le plus de satisfaction aux divers participants, est celui où le groupe s'adresse au groupe en enchaînant aux interventions précédentes;

4. ce type d'interventions et celui par lequel le groupe s'adresse au groupe sont favorisés par les interventions de l'animateur en fonction du groupe.

Ce type d'observation n'est pas difficile à pratiquer: il ne requiert de la part de l'observateur que de l'attention et de la rapidité.

2. Solidarité interindividuelle

La seconde méthode cherche à déterminer la participation individuelle de chacun des membres et la réaction que reçoivent ses propres interventions. Toujours pour favoriser une meilleure participation du groupe total, l'observateur commence donc à analyser la participation individuelle. Cette analyse permet de déterminer la part que chacun prend à la discussion, la présence ou l'absence de réactions à ses propres interventions, le rapport entre les interventions faites et les interventions reçues.

L'utilisation de cette méthode suppose que le groupe manifeste déjà une certaine unité.

S'il utilise le formulaire **c)**, l'observateur inscrira les renseignements habituels dans les rectangles appropriés et emploiera une feuille par 10 minutes. Il inscrira ensuite le nom de tous les participants (y compris celui de l'animateur), mais non le sien, selon l'ordre alphabétique, ou mieux selon la place que ces personnes occupent dans le cercle de la discussion. Il inscrira ces noms dans le même ordre horizontalement (colonne des destinataires) et verticalement (colonne des auteurs). Il réservera également des espaces pour le groupe (indiqué généralement par le sigle O), considéré comme une personne morale capable de faire des interventions et d'en recevoir. Ainsi, quand Jean s'adresse à plus de deux personnes, son intervention est enregistrée J-O; ou lorsque plus de deux personnes réagissent en même temps — rire général, assentiment général de la tête, protestation générale —, ces interventions sont enregistrées au crédit du groupe: O-O, ou O-J. L'expression d'une idée, fait à remarquer, peut comporter plus d'une intervention: si, par exemple, Yves répond à Jean, mais regarde Fernand, l'observateur enregistrera deux interventions (Y-J et Y-F) au lieu d'une seule.

S'il utilise le formulaire **d),** l'observateur inscrira également les renseignements habituels dans les rectangles préparés à cette fin et emploiera une feuille par 10 minutes. Il inscrira ensuite le nom de tous les participants selon la place qu'ils occupent dans le cercle de la discussion et en commençant, à gauche, par celui qui est assis à gauche de l'animateur. Il mettra le nom de l'animateur au centre du cercle. Le cercle intermédiaire représentera le groupe. L'observateur notera les interventions en tirant une flèche du nom de l'auteur de l'intervention à celui du destinataire. Si l'intervention s'adresse au groupe, la flèche s'arrêtera au cercle intermédiaire. Lorsqu'une flèche aura déjà été placée entre deux points, il suffira d'ajouter une pointe de flèche dans le sens de l'intervention.

Le calcul des moyennes au tableau **e)** est long à effectuer, mais il est très révélateur. Il faut rédiger une feuille de comparaison pour l'ensemble du groupe et pour chacun des participants. Cette feuille est facile à rédiger. Supposons un groupe de 10 personnes (y compris l'animateur, mais sans compter l'observateur). L'ensemble des participants a fait 400 interventions, disons, et en a reçu 400. On inscrit ces chiffres aux deux endroits qui portent les mots «total des interventions»; la moyenne dans les deux cas est de 40: on inscrit 40 à l'endroit indiqué; on dresse ensuite la liste des participants selon l'ordre décroissant des interventions. Ainsi, Carl ayant fait 75 interventions, on inscrit son nom dans le rectangle supérieur; au bout de son nom, on inscrit 75, et, plus loin, + 35. Suzanne qui a le moins parlé, apparaît au bas de la liste de la manière suivante: Suzanne, 21 — 19. On fait le même calcul et la même liste pour les actes reçus. Il se trouvera peut-être que Jean, qui a posé le plus grand nombre d'actes, ne soit pas celui qui en a reçu le plus. Et on s'apercevra peut-être que Pierre, qui a un nombre très raisonnable d'interventions à son actif (38), a pourtant reçu fort peu de réponses (11). En d'autres cas, on verra que Jacqueline, Luc et Muriel ont amorcé respectivement 70, 64 et 59 actes, et qu'ils en ont reçu respectivement 62, 64, 54, monopolisant ainsi à eux trois la discussion.

Le but de ces compilations et de ces statistiques n'est pas de réduire la participation de Carl (75) à la moyenne commune (40), ni d'augmenter mathématiquement celle de Suzanne (21) à la même moyenne (40). L'observation a pour fin d'aider une équipe de discussion à se discipliner comme équipe. Si Carl a l'esprit plus inventif que Suzanne, il ne s'agit pas de vouloir les réduire l'un et l'autre à un dénominateur commun. Mais il est avantageux pour le groupe que Carl se rende compte qu'il peut ainsi aisément dominer ses coparticipants dans une discussion, au point qu'ils résisteront un jour à collaborer avec lui. Il décidera alors peut-être d'intervenir un peu moins souvent (il n'est pas nécessaire qu'il soit le parrain de toutes les idées), ou de modifier sa façon de parler et d'écouter, ou de reconnaître davantage le bien-fondé des opinions des autres et éventuellement d'appuyer ces opinions. Et Suzanne, dont chacun connaît l'intelligence, comprendra peut-être que le groupe a besoin qu'elle se compromette quand elle a quelque chose à dire et qu'il ne suffit pas de s'en remettre aux autres. Elle verra peut-être qu'en certains cas son silence nuit au groupe, qui a besoin de connaître son opinion.

De même, des compilations semblables pour le nombre d'interventions déclenchées et reçues par chaque participant apporteront des résultats souvent significatifs. Paul verra ainsi qu'il parle presque toujours à Pierre et à Jean, et rarement aux autres; il s'apercevra aussi que tous lui parlent, sauf Rodolphe et Jocelyne. Il ne faut jamais dramatiser le sens de ces constatations, et il n'est pas nuisible de les prendre avec humour. Mais il n'est pas un chef ou un participant sérieux, vraiment intéressé au progrès du groupe et à son propre progrès, qui ne puisse en tirer des réflexions salutaires sur son propre comportement en groupe.

A) INTERACTION GROUPE — ANIMATEUR

Rapport de l'observateur

❑ =

Date:
Observateur:

TEMPS	ANIMATEUR		PARTICIPANTS		
	en fonction du groupe	interventions personnelles	à l'animateur	au groupe	au groupe en enchaînant
Total					
Total					
Total					
Total					
Total					
Total					

B) INTERACTION GROUPE — ANIMATEUR

Rapport de l'observateur
(Compilation dynamique)   ❏ =

Date:
Observateur:

TEMPS	INTERACTION DES PARTICIPANTS		

TEMPS	INTERACTION DE L'ANIMATEUR		

C) SOLIDARITÉ INTERINDIVIDUELLE

Rapport de l'observateur

Date:
Observateur:
Temps:

DESTINATAIRES / AUTEURS																TOTAUX
TOTAUX																

D) SOLIDARITÉ INTERINDIVIDUELLE

Rapport de l'observateur

Observateur:
Sujet:
Date:
Temps:

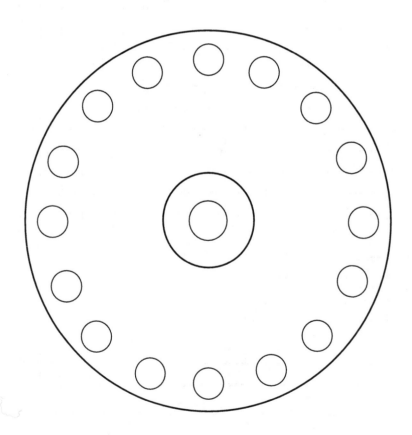

E) SOLIDARITÉ INTERINDIVIDUELLE

Rapport de l'observateur
(Compilation)

Date:
Observateur:

ACTES AMORCÉS
par:

Total des interventions ☐

Moyenne: ☐

Résultats comparés de
chacun des participants:

ACTES REÇUS
par:

Total des interventions ☐

Moyenne: ☐

Résultats comparés de
chacun des participants:

Bibliographie

ALINSKY, S., *Manuel de l'animateur social,* Paris, Seuil, 1976.

ANZIEU, D. et J.-Y. MARTIN, *La dynamique des groupes restreints,* Paris, P.U.F., 1971.

AUBRY, J.-M., MASSE, J.-M. et Y. ST-ARNAUD, *Entraînement au travail en équipe,* Lausanne, CIM-INPER, 1990.

BALES, R. F., *Interaction Process Analysis,* Cambridge, Addison-Wesley Press, 1951.

BARLUND, D. C. et F. S. HAIRMAN, *The Dynamics of Discussion,* Boston, Houghton Mifflin Company, 1960.

BASILE, J., *La formation culturelle des cadres et des dirigeants,* Verviers, Éditions Gérard, 1965.

BEAUCHAMP, A., GRAVELINE, R. et C. QUIVIGER, *Comment animer un groupe,* Montréal, Éditions de l'Homme – Éditions du CIM, 1976.

BÉLAND, C., *Les assemblées délibérantes,* Montréal, Éditions Robel, 1969.

BENNIS, W., *Diriger (Leaders),* Paris, InterÉditions, 1986.

BENNIS, W., *Profession: leader* (*On Becoming a Leader*), Paris, InterÉditions, 1991.

BLANCHARD, K. et N. V. PEALE, *Management et puissance de l'intégrité* (*The Power of Ethical Management*), Montréal, Éditions La Presse, 1988.

BONNER, H., *Groups Dynamics: Principles and Applications,* New York, The Ronald Press Company, 1959.

BORMAN, E. G., *Discussion and Group Methods,* New York, Harper and Row, 1969.

BORMAN, E. G. et N. C. BORMAN, *Effective Small Group Communication,* Minneapolis, Borgess Publishing Company, 1972.

BOURINOT, J. G., *Règles de procédure,* Montréal, Éditions La Presse, 1972.

CAFRA, F., *Le temps du changement,* Paris, Éditions du Rocher, 1990.

CARTWRIGHT, D. et A. ZANDER, *Group Dynamics: Research and Theory,* New York, Row, Peterson and Company, 1968.

CRIBBIN, J. J., *Le leadership,* Montréal, Éditions de l'Homme — Éditions du CIM, 1986.

DEMORY, B., *Comment animer les réunions de travail en 60 questions,* Paris, Chotard et associés éditeurs, 1980.

EDUCATOR'S WASHINGTON DISPATCH, *My Group and I,* New London Croft (ed), 1949.

EDUCATOR'S WASHINGTON DISPATCH, *Two Lessons in Group Dynamics*, New London, Croft (ed), 1949.

FERGUSON, M., *Les enfants du Verseau (The Aquarian Conspiracy)*, Paris, Calman-Lévy, 1981.

GASSER, C., *Guide de l'organisation*, Berne, 1957.

GIBRAN, K., *Le prophète*, Paris, Casterman, 1956.

GIRARD, F., *Les assemblées délibérantes*, Montréal, Éditions de l'Homme, 1987.

GORDON, T., *Cadres et dirigeants efficaces*, Paris, Belfond, 1980.

GRAY, J., *Les hommes viennent de Mars. Les femmes viennent de Vénus*, Montréal, Éditions Logiques, 1994.

HARE, P., *Handbook of Small Group Research*, New York, The Free Press of Glencoe, 1962.

HOGUE, J. P., LÉVESQUE, D. et E. M. MORIN, *Groupe, pouvoir et communication*, Montréal, Presses PUQ — Presses HEC, 1988.

HOLLAND, G., *Le meeting*, Montréal, Éditions de l'Homme — Éditions du CIM, 1986.

JOHNSON, D. W., *Les relations humaines dans le monde du travail*, Montréal, Erpi, 1988.

KINGET, M. et C. ROGERS, *Psychothérapie et relations humaines*, Louvain, Publications universitaires, 1962.

KLEIN, J., *La vie intérieure des groupes,* Paris, Éditions ESF, 1970.

KRECH, D. et R. S. CRUTCHFIELD, *Théorie et problèmes de psychologie sociale,* Paris, P.U.F., 1951.

de LAGARDE, J., *Technique des conférences discussions,* Neuilly-sur-Seine, Éditions Hommes et techniques, 1959.

LEFEBVRE, G., *Le cœur à l'ouvrage,* Montréal, Éditions de l'Homme — Éditions du CIM, 1982.

LEFEBVRE, G., *Savoir organiser, savoir décider,* Montréal, Éditions de l'Homme — Éditions du CIM, 1975.

LEMEUNIER, F., *Assemblées générales et conseil d'administration,* Paris, Delmas, 1976.

LESCARBEAU, R., PAYETTE, M. et Y. ST-ARNAUD, *Profession consultant,* Montréal, Presses de l'Université de Montréal, 1990.

LEWIN, K., *Resolving Social Conflict,* New York, Harper and Row, 1948.

LUFT, J., *Introduction à la dynamique des groupes,* Paris, Privat, 1968.

LYNCH, D. et P. KORDIS, *La stratégie du dauphin,* Montréal, Éditions de l'Homme, 1994.

MACCIO, C., *Animation de groupes,* Lyon, Chronique sociale de France, 1969.

MAISONNEUVE, J., *La dynamique des groupes,* Paris, P.U.F., 1970.

MINTZBERG, H., *Le manager au quotidien. Les dix rôles du cadre,* Paris, Éditions d'organisation, Montréal, Éditions Agence d'Arc, 1984.

MINTZBERG, H., *Le pouvoir dans les organisations,* Paris, Éditions d'organisation, Montréal, Éditions Agence d'Arc, 1986.

MINTZBERG, H., *Structure et dynamique des organisations,* Paris, Éditions d'organisation, Montréal, Éditions Agence d'Arc, 1982.

MONGEAU, P. et J. TREMBLAY, *Règles et stratégies pour exercer un leadership efficace,* Montréal, Libre Expression, 1988.

MONSEL, Y., *Le roman d'entreprise. Une nouvelle façon de voir et vivre le management,* Bruxelles, E.S.E. Éditions, 1988.

MUCCHIELLI, R., *La conduite de réunions,* Paris, Librairies techniques et entreprise moderne d'édition, 1967.

MUCCHIELLI, R., *La dynamique des groupes,* Paris, Librairies techniques et entreprise moderne d'édition, 1967.

MUCCHIELLI, R., *Le travail en équipe,* Paris, Librairies techniques et entreprise moderne d'édition, 1975.

NAPIER, R. W., *Group: Theory and Experience,* Boston, Houghton Mifflin Company, 1973.

OLIVE, D., *Le temps des purs. Les nouvelles valeurs de l'entreprise,* Montréal, Éditions de l'Homme, 1989.

OUCHI, W. G., *Théorie Z. Faire face au défi japonais,* Paris, InterÉditions, 1982.

PAYETTE, Lise, *Le pouvoir? Connais pas,* Montréal, Québec-Amérique, 1982.

PETER, L. J. et R. HULL, *Le principe de Peter,* Montréal, Éditions de l'Homme — Éditions du CIM, 1992.

PETER, L. J., *Pourquoi tout va mal,* Montréal, Stanké, 1986.

PETERS, T. et R. WATERMAN, *Le prix de l'excellence,* Paris, InterÉditions, 1983.

REIMOLD, C., *Le patron,* Montréal, Éditions de l'Homme — Éditions du CIM, 1986.

ROBERT, M. A., *Psychologie du groupe. Manuel théorique et pratique de l'animateur,* Bruxelles, Éditions Vie Ouvrière, 1969.

ROGERS, C. R., *Le développement de la personne,* Paris, Dunod, 1966.

RYAN, C., *Les comités: esprit et méthode,* Montréal, Institut canadien d'éducation des adultes, 1962.

SCHORDERET, L., *Animer une réunion,* Strasbourg, Éditions de l'Entreprise, 1981.

ST-ARNAUD, Y., *La psychologie: modèle systémique,* Montréal, Presses de l'Université de Montréal, 1979.

ST-ARNAUD, Y., *Le groupe optimal,* Montréal, Éditions du CIM, 1972.

ST-ARNAUD, Y., *Les petits groupes. Participation et communication,* Montréal, Presses de l'Université de Montréal — Éditions du CIM, 1989.

ST-ARNAUD, Y., *La personne humaine,* Montréal, Éditions de l'Homme — Éditions du CIM, 1974.

TELLIER, Y. et R. TESSIER, *Changement planifié et développement des organisations,* Montréal, Éditions IFG, 1973.

THELEN, H. A., *Dynamics of Group at Work,* Chicago, The University of Chicago Press, 1954.

TOFFLER, A., *Les nouveaux pouvoirs (Powershift),* Paris, 1990.

TREMBLAY, R., *Le groupe optimal: sa situation dans l'ensemble des recherches actuelles sur le petit groupe,* Montréal, Éditions du CIM, 1974.

VIENNEAU, J. G., *Le leadership au service des individus et des organisations,* Moncton, Éditions d'Acadie, 1993.

Table des matières

Ouvrages parus aux Éditions de l'Homme

Affaires et vie pratique

* 1001 prénoms, leur origine, leur signification, Jeanne Grisé-Allard
  100 stratégies pour doubler vos ventes, Robert L. Riker
* Acheter et vendre sa maison ou son condominium, Lucille Brisebois
* Acheter une franchise, Pierre Levasseur
* Les assemblées délibérantes, Francine Girard
* La bourse, Mark C. Brown
* Le chasse-insectes dans la maison, Odile Michaud
* Le chasse-insectes pour jardins, Odile Michaud
* Le chasse-taches, Jack Cassimatis
* Choix de carrières — Après le collégial professionnel, Guy Milot
* Choix de carrières — Après le secondaire V, Guy Milot
* Choix de carrières — Après l'université, Guy Milot
* Comment cultiver un jardin potager, Jean-Claude Trait
  Comment rédiger son curriculum vitæ, Julie Brazeau
* Comprendre le marketing, Pierre Levasseur
  La couture de A à Z, Rita Simard
  Des pierres à faire rêver, Lucie Larose
* Des souhaits à la carte, Clément Fontaine
* Devenir exportateur, Pierre Levasseur
* L'entretien de votre maison, Consumer Reports Books
* L'étiquette des affaires, Elena Jankovic
* Faire son testament soi-même, Me Gérald Poirier et Martine Nadeau Lescault
* Les finances, Laurie H. Hutzler
* Gérer ses ressources humaines, Pierre Levasseur
  La graphologie, Claude Santoy
* Le guide de l'auto 94, D. Duquet, J. Duval et M. Lachapelle
* Le guide des bars de Montréal 93, Lili Gulliver
* Le guide des bons restaurants de Montréal et d'ailleurs 94, Josée Blanchette
* Guide des fleurs pour les jardins du Québec, Benoit Prieur
* Le guide des plantes d'intérieur, Coen Gelein
* Guide du jardinage et de l'aménagement paysager au Québec, Benoit Prieur
* Le guide du vin 94, Michel Phaneuf
* Le guide floral du Québec, Florian Bernard
  Guide pratique des vins de France, Jacques Orhon
  Guide pratique des vins d'Italie, Jacques Orhon
* J'aime les azalées, Josée Deschênes
* J'aime les bulbes d'été, Sylvie Regimbal
  J'aime les cactées, Claude Lamarche
* J'aime les conifères, Jacques Lafrenière
* J'aime les petits fruits rouges, Victor Berti
  J'aime les rosiers, René Pronovost
* J'aime les tomates, Victor Berti
* J'aime les violettes africaines, Robert Davidson
  J'apprends l'anglais..., Gino Silicani et Jeanne Grisé-Allard
  Le jardin d'herbes, John Prenis
* Lancer son entreprise, Pierre Levasseur
* Le leadership, James J. Cribbin
* La loi et vos droits, Me Paul-Émile Marchand
* Le meeting, Gary Holland
* Mieux comprendre sa vie de travail, Claude Poirier et Nicole Gravel
* Mon automobile, Gouvernement du Québec et Collège Marie-Victorin
* Nouveaux profils de carrière, Claire Landry
  L'orthographe en un clin d'œil, Jacques Laurin
* Ouvrir et gérer un commerce de détail, C. D. Roberge et A. Charbonneau
* Le patron, Cheryl Reimold

Plein air, sports, loisirs

* **Les Îles-de-la-Madeleine**, Mia et Klaus
* **J'apprends à nager**, Régent la Coursière
* **Le Jardin botanique**, Mia et Klaus
* **Je me débrouille à la chasse**, Gilles Richard
* **Je me débrouille à la pêche**, Serge Vincent
* **Jeux pour rire et s'amuser en société**, Claudette Contant
  Jouons au scrabble, Philippe Guérin
  Le karaté Koshiki, Collectif
  Le karaté Kyokushin, André Gilbert
  Le livre des patiences, Maria Bezanovska et Paul Kitchevats
* **Maîtriser son doigté sur un clavier**, Jean-Paul Lemire
* **Manon Rhéaume**, Chantal Gilbert
  Manuel de pilotage, Transport Canada
  Le manuel du monteur de mouches, Mike Dawes
  Le marathon pour tous, Pierre Anctil, Daniel Bégin et Patrick Montuoro
* **Mario Lemieux**, Lawrence Martin
  La médecine sportive, Dr Gabe Mirkin et Marshall Hoffman
* **La musculation pour tous**, Serge Laferrière
* **La nature en hiver**, Donald W. Stokes
* **Nos oiseaux en péril**, André Dion
* **Les papillons du Québec**, Christian Veilleux et Bernard Prévost
* **Partons en camping!**, Archie Satterfield et Eddie Bauer
* **Les passes au hockey**, Claude Chapleau, Pierre Frigon et Gaston Marcotte
  Le piano jazz sans professeur, Bob Kail
  Le piano sans professeur, Roger Evans
  La planche à voile, Gérald Maillefer
  La plongée sous-marine, Richard Charron
* **Le programme 5BX, pour être en forme**,
* **Racquetball**, Jean Corbeil
* **Racquetball plus**, Jean Corbeil
* **Les règles du golf**, Yves Bergeron
* **Rivières et lacs canotables du Québec**, Fédération québécoise du canot-camping
  S'améliorer au tennis, Richard Chevalier
* **Le saumon**, Jean-Paul Dubé
  Le saxophone sans professeur, John Robert Brown
* **Le scrabble**, Daniel Gallez
* **Les secrets du baseball**, Jacques Doucet et Claude Raymond
  Les secrets du blackjack, Yvan Courchesne
  La découverte de l'Amérique, Timothy Jacobson
  Le solfège sans professeur, Roger Evans
* **Sylvie Fréchette**, Lilianne Lacroix
  La technique du ski alpin, Stu Campbell et Max Lundberg
  Techniques du billard, Robert Pouliot
* **Le tennis**, Denis Roch
* **Le tissage**, Germaine Galerneau et Jeanne Grisé-Allard
  Tous les secrets du golf selon Arnold Palmer, Arnold Palmer
  La trompette sans professeur, Digby Fairweather
* **Les vacances en famille: comment s'en sortir vivant**, Erma Bombeck
  Le violon sans professeur, Max Jaffa
* **Le vitrail**, Claude Bettinger
  Voir plus clair aux échecs, Henri Tranquille et Louis Morin
  Le volley-ball, Fédération de volley-ball

Psychologie, vie affective, vie professionnelle, sexualité

* **30 jours pour un plus grand épanouissement sexuel**, Alan Schneider et Deidre Laiken
  20 minutes de répit, Ernest Lawrence Rossi et David Nimmons
* **Adieu Québec**, André Bureau
  À dix kilos du bonheur, Danielle Bourque
  L'adultère est un péché qu'on pardonne, Bonnie Eaker Weil et Ruth Winter
* **Aider mon patron à m'aider**, Eugène Houde
  Aimer et se le dire, Jacques Salomé et Sylvie Galland
  À la découverte de mon corps — Guide pour les adolescentes, Lynda Madaras
  À la découverte de mon corps — Guide pour les adolescents, Lynda Madaras

Verseau en amour, Linda Goodman
* **La vie antérieure,** Henri Laborit
Vierge en amour, Linda Goodman
Vivre avec un cardiaque, Rhoda F. Levin
Vos enfants consomment-ils des drogues?, Steve Carper et Timothy Dimoff
Vouloir c'est pouvoir, Raymond Hull

Santé, beauté

30 jours pour cesser de fumer, Gary Holland et Herman Weiss
Alzheimer — Le long crépuscule, Donna Cohen et Carl Eisdorfer
L'arthrite, Dr Michael Reed Gach
Bientôt maman, Penny Simkin, Janet Whalley et Ann Keppler
Le cancer du sein, Dr Carol Fabian et Andrea Warren
* **Comment arrêter de fumer pour de bon,** Kieron O'Connor, Robert Langlois et Yves Lamontagne
De belles jambes à tout âge, Dr Guylaine Lanctôt
Dormez comme un enfant, John Selby
Dos fort bon dos, David Imrie et Lu Barbuto
* **Être belle pour la vie,** Bronwen Meredith
* **Le guide complet des cheveux,** Philip Kingsley
L'hystérectomie, Suzanne Alix
L'impuissance, Dr Pierre Alarie et Dr Richard Villeneuve
Initiation au shiatsu, Yuki Rioux
* **Maigrir: la fin de l'obsession,** Susie Orbach
* **Le manuel Johnson & Johnson des premiers soins,** Dr Stephen Rosenberg
* **Les maux de tête chroniques,** Antonia Van Der Meer
Maux de tête et migraines, Dr Jacques P. Meloche et J. Dorion
Mince alors... finis les régimes!, Debra Waterhouse
* **Mini-massages,** Jack Hofer
Perdez du poids... pas le sourire, Dr Senninger
Perdre son ventre en 30 jours, Nancy Burstein
* **Principe de la technique respiratoire,** Julie Lefrançois
* **Programme XBX de l'aviation royale du Canada,** Collectif
Le régime hanches et cuisses, Rosemary Conley
Le rhume des foins, Roger Newman Turner
Ronfleurs, réveillez-vous!, Jocelyne Delage et Jacques Piché
Savoir relaxer — Pour combattre le stress, Dr Edmund Jacobson
* **Soignez vos pieds,** Dr Glenn Copeland et Stan Solomon
Le supermassage minute, Gordon Inkeles
Vivre avec l'alcool, Louise Nadeau

Ouvrages parus au Jour

Ésotérisme, santé, spiritualité

L'astrologie pratique, Wofgang Reinicke
Couper du bois, porter de l'eau — Comment donner une dimension spirituelle à la vie de tous les jours, Collectif
De l'autre côté du miroir, Johanne Hamel
Les enfants asthmatiques, Dr Guy Falardeau
Le grand livre de la cartomancie, Gerhard von Lentner
Grand livre des horoscopes chinois, Theodora Lau
* **Grossesses à risque et infertilité — Les solutions possibles,** Diana Raab
* **Les hormones dans la vie des femmes,** Dr Lois Javanovic et Genell J. Subak-Sharpe
* **Les maladies mentales,** John M. Cleghorn et Betty Lou Lee
* **Pour en finir avec l'hystérectomie,** Dr Vicki Hufnagel et Susan K. Golant

Pouvoir analyser ses rêves, Robert Bosnak
Le pouvoir de l'auto-hypnose, Stanley Fisher
Questions réponses sur la maladie d'Alzheimer, Dr Denis Gauvreau et Dr Marie Gendron
Questions réponses sur la ménopause, Ruth S. Jacobowitz
Renaître, Billy Graham
Traité d'astrologie, Huguette Hirsig

Psychologie, vie affective, vie professionnelle, sexualité

L'accompagnement au soir de la vie, Andrée Gauvin et Roger Régnier
Adieu, Dr Howard M. Halpern
Adieu la rancune, James L. Creighton
L'agressivité créatrice, Dr George R. Bach et Dr Herb Goldberg
Aimer, c'est choisir d'être heureux, Barry Neil Kaufman
Aimer son prochain comme soi-même, Joseph Murphy
L'amour lucide, Gay Hendricks et Kathlyn Hendricks
L'amour obession, Dr Susan Foward
Apprendre à vivre et à aimer, Léo Buscaglia
Arrête! tu m'exaspères — Protéger son territoire, Dr George Bach et Ronald Deutsch
L'art d'engager la conversation et de se faire des amis, Don Gabor
L'art de vivre heureux, Josef Kirschner
Au centre de soi, Dr Eugene T. Gendlin
Augmentez la puissance de votre cerveau, A. Winter et R. Winter
L'autosabotage, Michel Kuc
La beauté de Psyché, James Hillman
Bien vivre ensemble, Dr William Nagler et Anne Androff
Le bonheur, c'est un choix, Barry Neil Kaufman
Le burnout, Collectif
La célébration sexuelle, Ma Premo et M. Geet Éthier
Célibataire et heureux!, Vera Peiffer
Ces hommes qui ne communiquent pas, Steven Naifeh et Gregory White Smith
C'est pas la faute des mère!, Paula J. Caplan
Ces vérités vont changer votre vie, Joseph Murphy
Comment acquérir assurance et audace, Jean Brun
* Comment aimer vivre seul, Lynn Shanan
Comment apprendre l'autodiscipline aux enfants, Thomas Gordon
Comment décrocher, Barbara Mackoff
Comment faire l'amour à la même personne pour le reste de votre vie, Dagmar O'Connor
Comment faire l'amour à une femme, Michael Morgenstern
Comment faire l'amour à un homme, Alexandra Penney
Comment faire l'amour ensemble, Alexandra Penney
Comment peut-on pardonner?, Robin Casarjian
Communication efficace, Linda Adams
Le courage de créer, Rollo May
Créez votre vie, Jean-François Decker
La culpabilité, Lewis Engel et Tom Ferguson
Le défi de l'amour, John Bradshaw
Dire oui à l'amour, Léo Buscaglia
Dominez les émotions qui vous détruisent, Dr Robert Langs
Dominez vos peurs, Vera Peiffer
La dynamique mentale, Christian H. Godefroy
Les enfants hyperactifs et lunatiques, Dr Guy Falardeau
L'éveil de votre puissance intérieure, Anthony Robins
* Exit final — Pour une mort dans la dignité, Derek Humphry
Faites la paix avec votre belle-famille, P. Bilofsky et F. Sacharow
La famille, John Bradshaw
* La famille moderne et son avenir, Lyn Richards
La fille de son père, Linda Schierse Leonard
La Gestalt, Erving et Miriam Polster
Le grand voyage, Tom Harpur
L'héritage spirituel d'une enfance difficile, Josef Kirschner
L'homme sans masque, Herb Goldberg
L'influence de la couleur, Betty Wood
Je ne peux pas m'arrêter de pleurer, John D. Martin et Frank D. Ferris
* Jouer le tout pour le tout, Carl Frederick

Lâcher prise, Guy Finley
* Maîtriser son destin, Josef Kirschner
* Les manipulateurs, E. L. Shostrom et D. Montgomery
Messieurs, que seriez-vous sans nous?, C. Benard et E. Schlaffer
Le miracle de votre esprit, Dr Joseph Murphy
Née pour se taire, Dana Crowley Jack
* Négocier — entre vaincre et convaincre, Dr Tessa Albert Warschaw
* Nos crimes imaginaires, Lewis Engel et Tom Ferguson
Nouvelles relations entre hommes et femmes, Herb Goldberg
Option vérité, Will Schutz
L'oracle de votre subconscient, Dr Joseph Murphy
Parents au pouvoir, John Rosemond
Parlez pour qu'on vous écoute, Michèle Brien
Paroles de jeunes, Barry Neil Kaufman
La passion de grandir, Muriel et John James
* La personnalité, Léo Buscaglia
Le pouvoir créateur de la colère, Harriet Goldhor Lerner
Le pouvoir de la motivation intérieure, Shad Helmstetter
Le pouvoir de votre cerveau, Barbara B. Brown
La puissance de la pensée positive, Norman Vincent Peale
La puissance de votre subconscient, Dr Joseph Murphy
Quand on peut on veut, Lynne Bernfield
* La rage au cœur, Martine Langelier
Rebelles, de mère en fille, Linda Schierse Leonard
Réfléchissez et devenez riche, Napoleon Hill
Retrouver l'enfant en soi, John Bradshaw
S'affirmer — Savoir prendre sa place, R. E. Alberti et M. L. Emmons
S'affranchir de la honte, John Bradshaw
La sagesse du cœur, Karen A. Signell
S'aimer ou le défi des relations humaines, Léo Buscaglia
Savoir quand quitter, Jack Barranger
Secrets de famille, Harriet Webster
Les secrets de la communication, Richard Bandler et John Grinder
Se faire obéir des enfants sans frapper et sans crier, B. Unell et J. Wyckoff
Seuls ensemble, Dan Kiley
Le succès par la pensée constructive, Napoleon Hill
La survie du couple, John Wright
Tous les hommes le font, Michel Dorais
Transformez vos faiblesses, Dr Harold Bloomfield
Triomphez de vous-même et des autres, Dr Joseph Murphy
* Trop peu de sexe... trop peu d'amour, Jonathan Kramer et Diane Dunaway
* Un homme au dessert, Sonya Friedman
* Uniques au monde!, Jeanette Biondi
Vivre à deux aujourd'hui, Collectif sous la direction de Roger Tessier
Vivre avec les imperfections de l'autre, Dr Louis H. Janda
Vivre avec passion, David Gershon et Gail Straub
Volez de vos propres ailes, Howard M. Halpern
Votre corps vous parle, écoutez-le, Henry G. Tietze
Vouloir vivre, Andrée Gauvin et Roger Régnier
Vous êtes vraiment trop bonne..., Claudia Bepko et Jo-Ann Krestan

---

* Pour l'Amérique du Nord seulement. (940620)